WARTAN BEKEREDJIAN

BUGO, DAS EINHÖCKRIGE KAMEL

Für Sam Youd

Wartan Bekeredjian

Bugo, das einhöckrige Kamel

illustriert von Jutta Bol

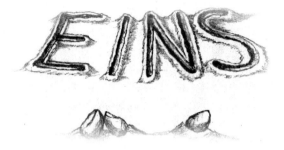

Bugos Entschluss

Bugo wog die rundliche Palmennuss in seinem rechten Huf. Er war überzeugt, dass er die richtige ausgewählt hatte. Sie durfte weder zu schwer noch zu leicht sein. Er spähte die Düne hinab. Labo markierte mit seinem Huf gerade die Stelle, an der sein „Ball" liegen geblieben war. Jetzt ging es um den Sieg. Bugo wollte auf keinen Fall das heutige Sandballspiel verlieren. Labo war sein ärgster Gegner und lag in Führung.

Bugo holte tief Luft. Alle Kamele warteten gespannt auf seinen letzten und entscheidenden Wurf. Er musste Labo einfach übertreffen. Obwohl der heute verdammt gut war. Bugo nahm Anlauf und schickte die Nuss auf den Weg. Die Augen der jungen Kamele folgten der braunen

Kugel. Sie rollte und rollte. Schließlich wurde sie langsamer. ‚Oh weh', dachte Bugo, ‚das war es wohl!' Er drehte den Kopf schon weg. Der heutige Sieger würde Labo heißen. Doch dann vernahm er ein Raunen. Er drehte den Kopf und sah, dass sich sein Ball ein kleines Stück an Labos vorbei geschoben hatte. Ein breites Grinsen zog über sein Gesicht. Er hatte es wieder geschafft. Bugo war einfach der Beste im Sandball.

Labo kam verärgert auf Bugo zugelaufen: „Bilde dir bloß nichts ein. Hast einfach nur Glück gehabt! Mehr nicht, du halbes Kamel!"

„So", antwortete Bugo, „du meinst also, ich sei kein echtes Kamel?"

„Schau dich doch an. Du bist unvollständig. Echte Kamele haben zwei Höcker. So wie wir alle. Du gehörst einfach nicht dazu."

Auch andere Spielkameraden nickten. Bugo merkte, wie sein Blut zu kochen begann. Immer dieser zweite Höcker! Konnten die ihn nicht einfach in Ruhe lassen und so akzeptieren, wie er war? Ein Kamel mit einem Höcker! Stattdessen hänselten sie ihn jeden Tag aufs Neue. ‚Du halbes Kamel', echote es in seinen Ohren. Er konnte es einfach nicht mehr hören.

Bugo erinnerte sich, wie er neulich bei einem Wettrennen als Erster ins Ziel gekommen war. Zunächst hatte er sich über seinen Sieg gefreut, aber dann kam Labo wieder. Der kleine, dicke Labo mit den zu kurz geratenen Beinen.

„Ha, mit einem Höcker wäre ich noch schneller gewesen. Du trägst ja nur die Hälfte, du Schummler!"

Die anderen hatten gelacht. Im Handumdrehen waren aus Bugos Freude Zorn und Traurigkeit geworden. Er war weggelaufen und hatte sich am Rande des

Palmenwaldes seiner Heimatoase versteckt. Wohin er auch heute wieder flüchtete.

Die Oase lag tief verborgen in der ägyptischen Wüste, weit weg von allen menschlichen Siedlungen jenseits der Pyramiden. Vor tausend Jahren hatten hier einmal Menschen gelebt. Alte, teilweise verfallene Häuser aus Stein bezeugten das noch. Ein kleiner See teilte die Oase in der Mitte – auf der einen Seite befand sich ein Palmenwald, auf der anderen standen die Überreste der menschlichen Bauten. Aber nun war die Oase in Vergessenheit geraten und nur noch von Kamelen – mit zwei Höckern – bewohnt. Durch glückliche Umstände hatten sie vor vielen Jahren ihre Freiheit gewonnen und in der vergessenen Oase einen Zufluchtsort gefunden. Dies aber ist eine andere Geschichte …

Bugo saß unter einer Palme und lauschte dem Wind, der die Blätter flüstern ließ. Normalerweise beruhigte ihn das. Aber heute gab es nichts, was ihn beruhigen konnte.

Sein blöder zweiter Höcker! Wie oft hatte er seine Mutter danach gefragt. Und sie hatte immer dieselbe Antwort gegeben: Als Kind soll er unartig gewesen sein. Als Strafe dafür hatte er einen Höcker in der Wüste verloren. Er konnte sich daran nicht erinnern, und manchmal war er sich auch nicht sicher, ob diese Geschichte stimmte. Dann hätte Labo nämlich gar keinen Höcker mehr haben dürfen, so fies wie der war! – Aber wenn er seinen zweiten Höcker wirklich in der Wüste verloren hatte, dann musste es doch möglich sein, ihn wiederzufinden? Bugo starrte auf die Palmblätter, die ganz sacht vor seiner Nase hin und her wedelten.

Es gab Tage, da verkrochen sich die Kamele in den Häusern, weil der Wind so stark war, dass sie fürchteten, ganze Bäume könnten vom Sturm ausgerissen werden. Das Blätterdach der Oase peitschte dann wütend durch die Luft und schlug gegen den Wind aus, als ob es sich dadurch wehren könnte. Aber heute war der Wind sanft und streichelte die Blätter der Palmen und das Fell der Kamele.

Schließlich stand Bugo auf und trottete zum Wasserloch der Oase. Eigentlich war es kein Loch, sondern ein kleiner See mit klarem, kaltem Wasser. Der Himmel spiegelte sich darin, und auf dem Grund konnte Bugo bunte Steine und grüne Pflanzen sehen. Einige erwachsene Kamele standen in der Nähe und unterhielten sich lautstark. Seine Spielkameraden waren sicher noch in den Dünen und machten Witze über ihn.

Bugo versuchte, nicht daran zu denken. Er tauchte sein Maul in den See und trank das erfrischende Wasser in großen Schlucken. Die kühle Flüssigkeit rann seine Kehle hinab.

Sein Ärger schwand, und in Gedanken sah er plötzlich ein Ziel – so klar wie der See, der vor ihm lag, so deutlich wie das Rauschen des Palmenwaldes, der sich hinter ihm erhob. Vor seinem inneren Auge sah sich Bugo entschlossen durch die Wüste schreiten, auf der Suche nach seinem zweiten Höcker. Er würde ihn finden und allen beweisen, dass er kein halbes Kamel war.

Erfüllt von dieser Idee trabte Bugo durch die Straßen

der Oasenstadt und überlegte, wie er seinen Plan ausführen konnte. In den Gassen spielten die jüngeren Kamele manchmal Verstecken, aber eigentlich war es hier einsam. Die meisten Kamele hielten sich nicht gern in den Gassen auf, weil diese sie zu sehr an die Menschen erinnerten. Ihre früheren Herren, die lange Zeit über sie bestimmt hatten. Bugos Eltern hatten ihn oft gewarnt. Sollte er je einem Menschen begegnen, musste er fliehen. Sonst würden sie ihn fangen und zu ihrem Sklaven machen. Bugo hatte noch nie einen Menschen getroffen. Dennoch fürchtete er sich vor ihnen.

Ihm war klar, dass er Gefahr lief, Menschen zu begegnen, wenn er die Oase verließ. Er, Bugo, ein Sklave der Menschen? Für immer gefangen, weit weg von seinen Eltern und Freunden? Auch wenn die ihn oft hänselten, wollte er ihre Gesellschaft lieber nicht gegen die der Menschen eintauschen. Bugos Nackenhaare sträubten sich. Nein, wenn er in die Wüste zog, würde er seinen zweiten Höcker finden und gut aufpassen, dass ihn keiner fing.

Bugos Schritte hallten in den Gassen wider, als er an den Häuserzeilen entlanglief. Sein Entschluss stand fest:

Er würde noch in dieser Nacht aufbrechen, wenn alle Kamele schliefen. Dann konnte er sich heimlich davonschleichen. Allerdings waren noch einige Vorbereitungen zu treffen. Er lief noch einmal zurück zum Wasserloch und trank so viel Wasser, bis er das Gefühl hatte, sein Bauch würde bei jedem Schritt hin und her schwappen. Gott sei Dank konnte er auf Vorrat Wasser trinken, um in Notzeiten davon zu zehren.

Zusätzlich futterte Bugo Unmengen frischen Grases. Er konnte ja nichts mitnehmen – und auch nicht damit rechnen, in der Wüste etwas Essbares zu finden.

So verging der restliche Tag wie im Flug und ehe sich Bugo versah, brach die Dunkelheit herein und die

Kamele versammelten sich am Wasserloch, um dort ihre Nachtruhe zu halten. Glücklicherweise suchten seine Eltern einen Platz am Rande der Gruppe. Von dort würde er sich unbeobachtet davonschleichen.

Ehe es soweit war, frischte der Wind kräftig auf, wirbelte den Sand empor und tobte nach wenigen Minuten als Sandsturm durch die Oase. Erst rückten die Kamele dicht aneinander, um sich gegenseitig zu schützen. Aber schon bald war die Luft so schwer vom aufgewirbelten Sand, dass es kaum noch möglich war, sie einzuatmen. Da flohen alle in die Menschenhäuser, wo sie Schutz fanden.

Auch Bugo und seine Eltern kämpften sich durch den peitschenden Sturm, der ihnen den Atem und die Sicht nahm. Daher wäre Bugo fast gegen eine Häuserwand gerannt. Endlich hatten sie ein Häuschen ergattert. Der Sand rieselte von ihrem Fell auf den Boden, als sie sich schüttelten. Durch die Fenster und Türen kam weiterer Sand hereingewirbelt, aber das Schlimmste vom Unwetter blieb draußen. Wenn ihn so ein Sturm in der Wüste erwischte, würde es richtig gefährlich werden, sagte sich Bugo. Bei diesem Gedanken musste er schlucken.

Lange lag er wach und horchte auf den Atem seiner Eltern. Nie war ihm bewusst gewesen, wie viele Geräusche auch nachts die Luft erzittern ließen. Sein Vater schleifte, wohl unbewusst, mit dem Schwanz über den Boden, seine Mutter grunzte alle paar Minuten. Daher traute sich Bugo nicht, aufzustehen und aus dem Haus zu schleichen. Sie könnten vielleicht erwachen. Und beim Davonschleichen erwischt werden – das wollte er sicher nicht. Die Fragen seiner Eltern würde er unmöglich beantworten können. So verging Minute um Minute, und ehe sich Bugo versah, kletterten die ersten Sonnenstrahlen am Himmelsrand empor und das Dorf erwachte wieder zum Leben.

Die Suche beginnt

Schließlich schlummerte Bugo doch ein, aber als er aus dem kurzen Dämmerschlaf erwachte, fühlte er sich elend. Er streckte und dehnte seinen langen Hals. Mit einem Dach über dem Kopf schlief er nicht besonders gut. Unter freiem Himmel zu schlafen, war einfach beruhigender.

Der Sturm hatte sich noch in der Nacht gelegt, aber als Bugo hinauslugte, sah er, was der gewaltige Sandwirbel angerichtet hatte: Die Straßen waren teils meterhoch mit Sand überhäuft, ganze Büschel von Palmblättern hatte der Sturm abgerissen. Überall lagen sie herum. Gut, dass er nicht letzte Nacht losgezogen war!

Während er gedankenverloren die Verwüstungen

betrachtete, stupste seine Mutter ihn mit der Nase an: „Na, gut geschlafen?"

„Ja, super", log Bugo. Dass er fast kein Auge zugetan hatte, wollte er lieber nicht erzählen.

„Sieht übel aus, oder? Aber das ist nicht schlimm. Der Wind wird den Sand in ein paar Tagen auch wieder wegwehen. Dann sieht es hier genauso aus wie vorher. Als ob nichts passiert wäre!"

„Hoffentlich", murmelte Bugo, der sich in Gedanken gerade vorstellte, wie er von so einem Sturm überwältigt wurde. Nur sein Kopf ragte noch aus einem großen Sandhaufen heraus. Bugo meinte zu fühlen, wie der Sand seine Lungen zusammendrückte und ihm die Luft wegblieb. Ihm wurde ganz elend. Fast dankbar hörte er seine Mutter fragen: „Holst du uns etwas Heu zum Frühstück?"

„Na klar! Wir treffen uns am Wasserloch!"

Bugo kämpfte sich gemeinsam mit anderen Kamelen durch die unwegsamen Straßen. Immer wieder sackte er mit einem Huf in einen Sandhaufen ein. Dann erreichte er das Haus, aus dem die Kamele ein Heulager gemacht hatten. Jede Familie konnte sich hier etwas Heu nehmen.

Bugo schnappte einen dicken Ballen und klemmte ihn zwischen Hals und Höcker. Früher musste er den Ballen vorsichtig balancieren, weil er ihm alle paar Meter vom Rücken fiel, aber jetzt hatte Bugo schon so viel Übung darin, dass er ihn fast im Laufschritt transportieren konnte.

Auf dem Rückweg begegnete er Labo. Auch der hatte einen Heuballen auf dem Rücken, eingeklemmt zwischen seinen beiden Höckern.

„Na, du kamelartiges Wesen!" rief Labo ihm zu. „Pass auf, dass du nicht noch deinen letzten Höcker verlierst. Aber schlimm wäre es auch nicht, so ein Heuballen steht dir wirklich gut."

Bugo starrte Labo wütend an. Was fiel diesem Möchtegern ein, so mit ihm zu reden?

„Du wirst schon noch sehen, ich werde es euch allen zeigen."

„Ha, und wie? Willst du dir für ewig einen Heuballen auf den Rücken binden?"

Zornesfalten ließen Bugos Augen zu schmalen Schlitzen werden, aus denen er Labo wütend anblitzte. Aber er wollte sich auf keinen Streit mit Labo einlassen. Daher entgegnete er lediglich: „Wirst dich noch ganz schön wundern!"

Dann lief er weiter.

Bugo schlang an diesem Morgen seine Portion Heu hinunter und tat dann so, als ginge er besonders früh zum Unterricht – nicht weil er sich auf seine so genannten Freunde freute, sondern weil er zuerst zum Palmenwald wollte. Dort fraß er das saftige Gras und trank seinem Empfinden nach den halben See leer. Jetzt war er gut gerüstet für seine Reise. Er wollte allen beweisen, dass er kein halbes Kamel war, vor allem aber diesem Labo. Der konnte weder so schnell rennen wie er, noch gewann er wirklich oft gegen ihn im Sandballspielen.

Bugo war froh, dass ihn keiner beobachtete, wie er am See stand und trank. Denn er hatte keine Lust, sich mit den anderen zu unterhalten. Nur mit Mühe schleppte er sich zum Unterricht und kam als Letzter.

„Na, Bugo, schön dass du auch gekommen bist!", sagte Lasso, das alte Kamel, zu ihm, das täglich den jungen Kamelen praktische Dinge über das Wüstenleben beizubringen versuchte.

Bugo starrte auf das Fell seines Lehrers, das braun und grau gesprenkelt war. Ob er auch einmal so aussehen würde?

„Setz dich, damit wir mit dem Unterricht beginnen können", sagte Lasso.

Bugo setzte sich neben Ramon, mit dem er sich gut verstand. Ramon gehörte nämlich nicht zu denen, die ihn immer wieder wegen des einen Höckers aufzogen.

„Wo bist du gewesen?", flüsterte Ramon.

Bugo antwortete nicht.

„Bist du noch sauer wegen gestern?", fragte Ramon.

Bugo nickte. Denn sauer war er auf jeden Fall, wenn auch nicht unbedingt auf Ramon, aber auf alle, die ihn hänselten, weil er nur einen Höcker hatte.

„Ach, mach dir nichts draus, du weißt doch, Labo ist halt ein Fiesling. Wenn er nicht immer wieder gegen dich verlieren würde, wäre er bestimmt nicht so gemein zu dir."

„Mag ja sein, aber irgendwie habt ihr doch recht, oder? Wo ist denn mein blöder zweiter Höcker? Es kann doch nicht sein, dass ihr alle zwei habt und ich nur einen."

Ramon schwieg. Darauf wusste er auch nichts zu sagen.

„Ich werde ihn suchen gehen", murmelte Bugo.

„Was?", fragte Ramon. „Wie meinst du das?"

„Ach, war nicht ernst gemeint!"

Bugo konzentrierte sich nun auf den Lehrer, um nicht weiter über dieses Thema sprechen zu müssen. Und schon bald spitzte er seine Ohren. Denn der Lehrer erklärte, wie man am Stand der Sonne die Himmelsrichtung bestimmen konnte. Bugos Herzschlag beschleunigte sich. Das musste er sich unbedingt merken. Das war ungeheuer wichtig für jemanden, der alleine in der Wüste unterwegs war.

„Also, wenn ihr früh morgens aufsteht und die Sonne aufgeht, dann kommen die ersten Sonnenstrahlen aus dem Osten. Wenn die Sonne untergeht, dann schaut ihr nach Westen. In ihrem Lauf wandert die Sonne über den Südhimmel. Da, wo die Sonne nicht hinkommt, da ist der Norden." Lasso hob seine Schnauze gen Himmel.

„Und wo steht die Sonne jetzt?", fragte er.

Die jungen Kamele schauten zwar alle in den Himmel, aber keiner traute sich, die Antwort zu geben.

„Ist doch gar nicht schwer", sagte Lasso, „die Sonne ist bislang nur wenig gewandert. Im Augenblick scheint sie also aus südöstlicher Richtung."

Bugo wiederholte in Gedanken alles, was Lasso über den Stand der Sonne gesagt hatte, damit er es nicht mehr vergaß.

Nach dem Unterricht marschierte Bugo in Richtung Palmenwald. Auf Sandball hatte er keine Lust. Die anderen würden ihn sowieso nur wieder ärgern. Er dachte an den Abend. Er wollte warten, bis alle eingeschlafen waren, um sich dann davonzustehlen. Ganz wichtig war, sich einzuprägen, in welcher Richtung die Sonne unterging, denn Bugo hatte beschlossen, im Westen mit seiner Suche zu beginnen. Irgendwie war er sich sicher: Dort würde er seinen zweiten Höcker finden.

Plötzlich kam Ramon auf ihn zu gelaufen.

„Hey, Bugo, warum bist du nicht in die Dünen gekommen? Heute war doch das Sandballturnier!"

Das hatte Bugo ganz vergessen. Das Sandballturnier hatte er noch nie versäumt und jetzt war sein Fehlen aufgefallen. Er suchte nach einer Ausrede, die glaubwürdig klang.

„Ich wollte anderen auch mal die Möglichkeit lassen zu gewinnen. Außerdem ... du weißt ja, was passiert wäre, wenn ich gewonnen hätte."

Ramon nickte: „Komm mit, wir spielen etwas."

Bugo schüttelte den Kopf. „Nee du, irgendwie ist mir heute schlecht. Ich mag alleine sein."

Bugo war froh, dass Ramon nicht sehen konnte, wie er unter seinem Fell bei dieser Lüge rot wurde.

„Schlecht? Aber wieso?", fragte Ramon erstaunt.

„Weiß auch nicht. Vielleicht habe ich aus Ärger zu viel gefuttert!", erwiderte Bugo, womit er ja fast die Wahrheit sagte.

„Kommst du dann auch morgen nicht in den Unterricht?", fragte Ramon.

Bugo schüttelte den Kopf und sein zotteliges Fell fiel ihm ins Gesicht. Es kam ihm gerade recht, dass Ramon ihn morgen entschuldigen würde.

„Okay Bugo, gute Besserung. Ich gehe jetzt zur Siegerehrung. Labo ist Erster. Er ist mächtig stolz auf seinen Sieg!"

‚Labo', dachte Bugo, und erneut kochte die Wut in ihm hoch. Was würde er darum geben, wenn Labo auch einen Höcker verlöre! Ob er sich dann für sein Verhalten entschuldigen würde? Warum musste Labo nur immer alle gegen ihn aufstacheln?

Wieder und wieder sagte sich Bugo ein Gedicht auf, das er von seiner Mutter gelernt hatte. Weil er letzte Nacht wach gelegen hatte, befürchtete er, einzuschlafen und dadurch noch einmal seinen Aufbruch zu verpassen. Mit dem Gedicht versuchte er, sich munter zu halten. Und jedes Mal, wenn er an einer Stelle hakte, begann er von vorn.

So gelang es ihm, die Zeit verstreichen zu lassen, und als er ganz sicher war, dass alle Kamele schliefen, erhob er sich vorsichtig und setzte sich in Bewegung. Nach ein paar Metern blieb er kurz stehen, weil er ein lautes Grunzen vernahm.

Er beobachtete die Kamele, wie sie friedlich beieinander lagen. Nein, wach war keiner von denen. Er warf einen letzten Blick auf seine Eltern. Bugo bekam im Nu eine Gänsehaut. Vielleicht würden sie sich fürchterliche Sorgen um ihn machen! Im Geist sah er Tränen aus den Augen seiner Mutter kullern. Es war nicht fair von ihm, das wusste er. Aber Bugo hatte seinen Entschluss gefasst, und erst wenn er seinen zweiten Höcker gefunden hatte, würde er wieder zurückkehren. Er hoffte nur, dass die Suche schnell zum Erfolg führte. Mit ein wenig Glück konnte er schon nächste Woche ins Dorf zurückkehren und stolz seinen zweiten Höcker vorführen. Wie lange es dauern würde, wenn er Pech statt Glück hatte, daran verschwendete Bugo keinen Gedanken. Nicht in dieser Nacht.

Die Luft war kalt, aber Bugo hatte ein dickes Fell. Außerdem war er viel zu aufgeregt, als dass er die Nachtluft hätte spüren können. Ganz im Gegenteil, sein Herz klopfte laut, so laut, dass er Angst hatte, seine Eltern könnten dadurch aufwachen. Aber nichts geschah.

Behutsam setzte Bugo einen Huf vor den anderen. In der Dunkelheit war es nicht leicht, jeden Palmenzweig, der herumlag, zu sehen. Aber wehe, wenn er ein verdächtiges Geräusch machte! Womöglich wachte doch

jemand auf! Daher entfernte er sich nur langsam von der Gruppe. Als diese in seinen Augenwinkeln nur noch wie ein kleiner Punkt aussah, spürte er, wie sein Herz leichter wurde. Leichten Schrittes marschierte er weiter. Er hatte es geschafft! Nachdem Bugo eine Düne erklommen hatte, blickte er zurück. Er erkannte die Umrisse einiger Häuser und Palmen, deren Blätter im seichten Nachtwind wie zum Gruße winkten. Er winkte zurück und drehte sich dann mit einem Seufzer der Wüste zu, um seinen Weg ins Ungewisse fortzusetzen.

Akrab

Bugo war nun einige Stunden unterwegs und aus der Nacht war Dämmerung und aus der Dämmerung heller Tag geworden. Wie geplant war er bisher nach Westen marschiert. Aber nun zweifelte er: Ging er überhaupt noch den richtigen Weg?

Auf einer Düne machte Bugo Halt und schaute in die Ferne, wo er nur endlose Wüste sah. Eine Düne folgte der anderen, ein leises Lüftchen wehte und kräuselte den Sand. Es war nichts zu hören. Noch nie hatte er so tiefe Stille erlebt. Bugo atmete durch, schloss die Augen und als er sie wieder öffnete, spürte er neue Kraft. Er würde einfach seiner Nase folgen und irgendwann sicher auf etwas stoßen, das ihn direkt zu seinem zweiten

Höcker führte.

Bugo marschierte weiter und hielt erst an, als er merkte, wie schwer seine Beine wurden. Um ihn herum gab es nichts als kargen Sand. Keine Pflanze, kein Tier, nicht einmal ein Stein war zu sehen. Und obwohl Bugo ein Wüstentier war, erschien ihm die Hitze plötzlich unerträglich.

Bugos Gedanken wanderten zurück zu seinem Dorf. Wie gerne hätte er sich jetzt unter eine Palme gelegt. Er dachte an das saftige Gras am See. Ihm lief das Wasser im Maul zusammen. Er seufzte. Da half jetzt alles nichts. Einige Tage musste er ohne Essen und Trinken auskommen. Mit knurrendem Magen trabte er weiter.

Schließlich entdeckte er in der Ferne ein paar Felsen. Dort konnte er bestimmt ein schattiges Plätzchen finden. Ermutigt legte Bugo einen Zahn zu.

Der Weg zu den Felsen war weiter als gedacht. Endlich erhoben sich die nackten roten Steine direkt vor seiner Nase. Bugos Beine waren inzwischen fast taub vor Müdigkeit. Obwohl die Felsen viel kleiner waren, als er gehofft hatte, fand er eine schattige Stelle. Erschöpft ließ er sich auf den Boden fallen.

Bugo wäre fast eingenickt, da hörte er plötzlich ein Rascheln. Er öffnete seine Augen. Verwirrt schaute er um sich. Was hatte da geraschelt? Bugo blinzelte über seinen Rücken und entdeckte einen kleinen Zweig mit vertrockneten Blättern. Wie der dahin kam, war ihm ein Rätsel, denn weit und breit war kein Busch oder Baum zu sehen. Vielleicht hatte ein Sturm ihn hierher geweht. Wahrscheinlich war es auch ein Windstoß, der ihn zum Rascheln gebracht hatte. Doch gerade als er den Blick wieder abwenden wollte, bewegte sich der Zweig. Bugo riss die Augen auf. Ein Zweig konnte sich nicht von alleine bewegen. Irgendetwas hielt sich darunter versteckt.

„Hey, du!", sagte er.

Der Zweig blieb stehen.

„Wer bist du?"

Unbeeindruckt von Bugos Worten setzte sich der Zweig wieder in Bewegung. Um das „Ding" unter dem Zweig aufzuhalten, pustete Bugo und scharrte mit einem Huf etwas Sand auf die Blätter. Bugo kicherte. Der Zweig war jetzt völlig vom Sand bedeckt. Unwillkürlich dachte Bugo an sein Schreckensbild vom Vortag. Da hatte er sich selbst in einem Sandhaufen stecken sehen. Sein

Kichern verstummte und er machte sich dran, den Zweig vom Sand zu befreien, als unter einem freigelegten Blatt ein Skorpion vor seine Hufe sprang. Bedrohlich stellte sich dieser vor ihm auf. Der Schwanz zuckte angriffslustig hin und her. Ehe er sich versah, schnellte der Stachel mit einer blitzartigen Bewegung knapp über seinem rechten Huf ins Bein. Bugo schrie vor Schmerz auf und machte einen Satz rückwärts. Erneut wirbelte er so viel Sand auf, dass der kleine Kämpfer darunter verschwand.

    Mit schmerzverzerrter Miene untersuchte Bugo seinen rechten Huf. Der brannte fürchterlich, und Bugo konnte

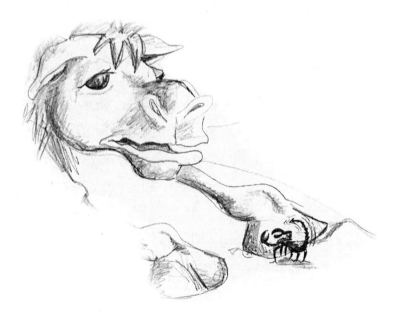

fast zuschauen, wie er langsam dicker wurde. Er biss die Zähne zusammen und humpelte zum Felsen zurück. Dort saß auf einem kleinen aufgeschütteten Sandhaufen triumphierend der Skorpion.

„Das war nicht nett von dir!", beschwerte sich Bugo.

Der Skorpion lief eine Acht im Sand und antwortete: „Hast du sie noch alle? Wer hat denn hier wen zuerst angegriffen? Schließlich warst du es, der mich mit Sand beworfen hat."

„Es tut mir leid", entschuldigte sich Bugo. „Das nächste Mal passe ich besser auf."

Bugo beobachtete, wie der Skorpion nochmals eine Acht im Sand lief.

„Schon gut! Der Schmerz ist bald vorbei. Aber sag, was machst du ganz alleine hier und was bist du für ein Tier?"

Bugo sagte: „Ich bin ein Kamel."

Und dann erzählte er dem Skorpion vom Dorf, wie die anderen ihn hänselten, weil er nur einen Höcker hatte, und dass er deshalb unbedingt seinen zweiten Höcker finden musste.

„Du suchst deinen zweiten Höcker?", fragte der

Skorpion. „So etwas habe ich noch nie gehört."

„Ja, meinen zweiten Höcker", antwortete Bugo bestimmt. „Alle im Dorf haben zwei Höcker. Alle außer mir. Und deswegen muss ich ihn auch finden."

Der Skorpion lief eine weitere Acht, bevor er etwas sagte: „Ist es denn schlimm, nur einen Höcker zu haben? Bist du so nicht etwas Außergewöhnliches in eurem Dorf?"

„Du hast ja keine Ahnung! Weißt du, wie es ist, wenn du täglich ausgelacht wirst? Immer wieder sagen die anderen, ich sei nur ein halbes Kamel! Nein, das ist nichts Außergewöhnliches! Höchstens außergewöhnlich doof!"

Der Skorpion wirbelte eine weitere Acht im Sand auf. Bevor er etwas sagen konnte, platzte aus Bugo eine Frage heraus: „Warum rennst du eigentlich die ganze Zeit im Kreis herum?"

„Noch nie einen Skorpion getroffen? Das machen wir, um uns auf die Worte zu konzentrieren, bevor wir etwas sagen. Um nun noch mal auf deinen zweiten Höcker zu kommen", das kleine Geschöpf lief eine weitere Acht, „soll ich dir helfen? Du kannst bestimmt einen Begleiter gebrauchen. Mich hält hier nichts, denn ich bin diese einsamen Felsen längst leid geworden. Außerdem wartet noch so viel Unbekanntes auf mich. Die Wüste steckt voller Abenteuer!"

Bugo überlegte einen Moment. Er kannte die Tiefen der Wüste nicht, vielleicht könnte dieser Skorpion ein nützlicher Helfer sein. Und dann wäre er auch nicht mehr so alleine, wenn er den ganzen Tag durch die Wüste marschierte.

„Einverstanden! Aber lass mich noch ein wenig ausruhen", sagte Bugo. „Mein Huf tut noch ganz schön weh. Heute Abend brechen wir wieder auf."

Unter seinem kleinen Panzer lächelte der Skorpion.

Endlich würde er von diesen Felsen wegkommen.

Der Skorpion streckte Bugo eine Schere entgegen. „Ich bin Akrab, der Skorpion von den einsamen Felsen."

„Und ich, mein kleiner Freund, bin Bugo, das einhöckrige Kamel."

Der kreisende Vogel

Bugo und Akrab machten sich auf den Weg. Die untergehende Sonne versuchte mit ihren letzten Strahlen, dem Tag noch ein wenig Leben einzuhauchen. Die Hitze wich einer angenehmen Wärme.

Bugos rechter Huf war noch etwas dick und schmerzte leicht, aber er konnte wieder auftreten ohne zu humpeln. Im Passgang trabte er durch den kühler werdenden Sand. Akrab hatte sich im␣wolligen Nackenhaar des langen Halses mit seinen Scheren festgekrallt. Zum ersten Mal schaute er von der Höhe eines Kameles in die Wüste hinaus. Was für eine Aussicht! Und dann dieser Schaukelgang. Den fand Akrab einfach toll. Mal wippte Bugo nach links, mal nach rechts und immer so weiter.

Viel besser, als sich immer im Sand zu verkriechen und Gänge zu bauen. Aber nach kurzer Zeit breitete sich ein ganz anderes Gefühl in seinem Inneren aus. Etwas, was er bislang noch nie gespürt hatte: Seekrankheit beziehungsweise Wüstenkrankheit.

„Hey Bugo", würgte Akrab.

„Was gibt's?"

„Mir ist so komisch, alles in mir dreht sich. Können wir kurz anhalten?"

Bugo blieb erstaunt stehen: „Ist dir etwa schlecht?"

„Keine Ahnung. Mir war noch nie schlecht!"

„Bevor du mir aufs Fell spuckst", antwortete Bugo, kniete sich hin und ließ Akrab von seinem Rücken krabbeln. Kaum hatte dieser wieder festen Boden unter den Füßen, verbuddelte er sich im Sand.

„Und nun?", murmelte Bugo. Es blieb ihm wohl nichts anderes übrig als zu warten.

Eine gute halbe Stunde später kam Akrab wieder hervor. „Jetzt kann's weitergehen! Aber bitte nicht so schnell."

„Okay!" Bugo wartete, bis Akrab an seinem Fell hochgeklettert war, und trabte dann gemächlich weiter.

Sie waren noch gar nicht lange unterwegs, als Bugo ein schmerzendes Pochen im rechten Bein spürte. Er hielt den Huf vors Gesicht, während er etwas wackelig auf den anderen drei Beinen balancierte. Das sah nicht gut aus. Die Schwellung war größer als zuvor.

„Schau mal", rief er zu Akrab. „Ich glaube, jetzt brauche ich eine Pause!"

„Oh weh, das sieht aber schlimm aus. Ich wusste gar nicht, welch nachhaltige Wirkung mein Gift hat!"

„Dann pass bloß auf, dass du mich nicht noch mal stichst. Mit zwei solchen Beinen komme ich überhaupt nicht mehr weiter."

Bugo ächzte. Akrab sprang mit einem Satz von seinem Rücken in den Sand. Ihm schien es wieder prächtig zu gehen.

„Keine Sorge! Morgen bist du wieder fit, glaub mir."

„Wenn du meinst", seufzte Bugo und ließ sich ebenfalls in den Sand fallen. Er blickte in die Ferne und dabei wurde ihm blitzartig bewusst, dass er sich kilometerweit von zu Hause entfernt hatte. Zum ersten Mal in seinem Leben würde er alleine mitten in der Wüste übernachten. Zum Glück hatte er Akrab getroffen. Ein wenig ängstlich war er schon. Auch wenn er es nie zugegeben hätte.

Er beobachtete den glutroten Horizont. Manchmal hatte er abends mit ein paar Spielkameraden zugeschaut, wie die Sonne langsam ihrem Feierabend entgegenlief. Jedes Mal hatten sie von neuem das glühende Rot bestaunt. Doch jetzt konnte er dieses Schauspiel nicht genießen. Mann, wie sehr sehnte er sich nach Hause zurück. Und das nach nur einem Tag!

Akrab zog Bugo an den Haaren.

„Was ist los?", fragte Bugo.

„Ich gehe jetzt auf Futtersuche. Ich habe den ganzen Tag noch nichts gegessen."

„Und wo willst du etwas finden? Hier wächst doch nichts. Kein Gras, kein Baum, nicht mal ein Busch."

Akrab klapperte mit seinen Scheren.

„Du kleiner Oasenbewohner!", lachte er und drehte dabei eine Acht im Sand. „Ich bin doch ein Skorpion. Ich esse kein Gras und auch sonst kein Grünzeug. Ich suche nachts nach Insekten."

„Iiiih, Insekten?" Bugo schnitt eine Grimasse. „Wie kannst du nur Insekten essen!"

„Ganz einfach. Du bist ein Kamel und ich bin ein Skorpion. Und jetzt muss ich los, bevor ich die besten Leckerbissen verpasse. Die kommen ganz früh am Abend heraus."

„Herauskommen?" Bugo zog seine Augenbrauen nach oben.

„Du weißt ja wirklich nichts vom Wüstenleben. Nachts tummelt sich hier allerlei Getier, da ist schwer was los. Nicht so wie tagsüber, ruhig und verschlafen. Da ist es den meisten zu heiß. Sie verstecken sich im Sand und schützen sich vor der Sonne. Aber abends, wenn es kühl wird, dann buddeln sie sich nach und nach wieder aus. Genau wie ich!"

Bugos Kinn klappte nach unten. Was hieß überhaupt Getier? Würde die Wüste gleich leben? Sein Mund wurde ganz trocken vor Aufregung. Das konnte ja noch heiter werden. Bugo schloss die Augen und hoffte, von all dem Gewimmel nichts mitzubekommen, wenn er schlief.

„Bis morgen früh", sagte Akrab und verschwand in der zunehmenden Dunkelheit.

In der Nacht tat Bugo kaum ein Auge zu. Immer wieder hörte er hinter oder neben sich ein Kratzen oder Rascheln. Das kannte er schon aus der Oase. Aber dort hatte er noch nicht gewusst, dass es Tiere im Sand gab, die er noch nie gesehen hatte. Er fühlte sich beobachtet. Unbewusst begann er vor Aufregung zu grunzen. Er blickte immer wieder um sich, um die Quelle dieser Laute zu finden. Nur langsam wurden seine Lider schwerer, bis er endlich in einen flachen, traumlosen Schlaf glitt.

Hin und wieder schreckte er auf. Ob Akrab von seinem „Nachtspaziergang" zurückgekommen war? Bugo spitzte die Ohren. Da waren wieder diese Geräusche. Und immer noch kein Akrab. So schleppte sich seine erste Nacht in der Wüste langsam dem Tag entgegen.

Die ersten Sonnenstrahlen machten Bugo vollends munter. Was für eine schlimme Nacht! Zu Hause war es doch besser. Er dachte daran, seine Reise vorzeitig zu beenden. Bis zum Abend konnte er sein Dorf erreichen. Er wäre bei seinen Eltern und könnte in Ruhe schlafen.

Nein! Bugo schüttelte heftig den Kopf. Ohne seinen zweiten Höcker durfte er nicht zurückkehren. Er würde zum Gespött der anderen werden. Das würde er nicht zulassen.

Bugo stand mit steifen Beinen auf. Dass seine Ausdauer nicht gerade herausragend war, verrieten ihm die schmerzenden Knochen. Er dehnte seine Gelenke der Reihe nach und schaute sich immer wieder nach Akrab um. Aber er konnte ihn nirgends entdecken.

„Akrab!", rief Bugo. Er lief ein wenig umher, doch weit und breit keine Spur.

„Aaaaaakraaaaab!", rief er erneut, doch als Antwort bekam er nur das leise Pfeifen des morgendlichen Windes. Hoffentlich war seinem kleinen Freund nichts passiert.

Da entdeckte Bugo in der Ferne einen Vogel am Himmel. Langsam schwebte dieser in riesigen Bahnen hoch über dem Boden. ‚Ein Geier', dachte Bugo. Geier fressen tote Tiere. Bugos Atem beschleunigte sich. Was, wenn Akrab verletzt im Sand lag und der Geier ihn entdeckte? Sein Freund wäre verloren. Schnell erklomm Bugo eine Düne. Von dort konnte er einen großen Teil der Wüste überblicken und nach Akrab suchen.

Da hörte er plötzlich dessen Stimme direkt neben sich: „Hey Bugo, wo willst du hin?"

Vor Schreck fiel Bugo fast in den Sand. Aber seine Freude war unbeschreiblich, als er Akrab sah. Der krabbelte gerade aus dem Sand und schaute Bugo etwas verschlafen an.

„Wo warst du? Ich dachte, dir sei etwas passiert. Und als ich gerade den Geier am Himmel sah", Bugo zeigte mit der Schnauze in die Luft, „da wollte ich mich aufmachen, um dich zu suchen."

„Du Oasenkamel", sagte Akrab. „Geier fressen doch keine Skorpione. Sie mögen nur Aas, tote Tiere, aber keine Skorpione! Außerdem verbuddele ich mich nachts im Sand. Da ist es schön kuschelig warm, wenn die Luft abkühlt."

Bugo schaute verschämt auf den Boden.

„Es tut mir leid. Ich glaube, ich bin für so ein Abenteuer nicht geschaffen. Ich habe keine Ahnung davon, wie das Leben in der Wüste funktioniert. Es ist wohl doch besser, wenn ich nach Hause gehe und meinen zweiten Höcker vergesse."

„So ein Quatsch! Du willst doch nicht jetzt schon aufgeben! Deine Reise hat gerade erst angefangen. Und schließlich bin ich auch noch da. Ich kenne mich hier aus.

Ich bin der beste Wüstenberater. Komm, wir fragen mal den Geier."

„Als ob wir gerade mal einen Geier fragen könnten! Außerdem, wie soll der uns weiterhelfen?"

„Weißt du", hielt Akrab dagegen, „von da oben kann man sehr weit in die Wüste hineinschauen. Geier wissen alles über die Wüste, und dieser Geier weiß sicher längst von dir. Bestimmt kann er dir nützlich sein!"

„Ich weiß nicht. Bislang ist doch alles schief gelaufen. Erst mein überhasteter Aufbruch. Dann der Stich in meinen Huf und die dicke Schwellung. Und von Geiern verstehe ich auch nichts. Wie soll das weitergehen – selbst wenn mir der Geier helfen kann?"

„Ich bin noch da, schon vergessen? Zu zweit finden wir deinen Höcker!"

Bugo seufzte erleichtert. Er fühlte, wie sein Herz ganz warm wurde. Da war jemand, der ihm wirklich helfen wollte, der ihn ernst nahm und zu ihm hielt. Wenn nicht mit Akrab, mit wem konnte er dann sein Ziel erreichen? Nein, er durfte nicht aufgeben! Vielleicht standen seine Chancen doch besse als gedacht!

„Komm, lass uns gehen, der Geier wartet auf uns",

sagte Bugo und machte den ersten entschlossenen Schritt des Tages.

„Weißt du noch mehr über Geier?", fragte Bugo. Akrab hatte es sich in Bugos Nackenhaar gemütlich gemacht.

„Sogar eine ganze Menge. Vor einiger Zeit hatten mehrere Geier auf den Felsen eine Versammlung abgehalten. Da habe ich sie belauscht. Was für Angeber! Angeblich können sie Kadaver noch aus mehreren Kilometern Höhe erkennen!"

„Wirklich? Unvorstellbar."

„Keine Ahnung, aber die sehen seltsam aus. Sie haben einen nackten Kopf und nur vereinzelt Federn am Hals. Fast schon unheimlich."

Bugo versuchte, sich einen Geier vorzustellen. Er sah Labo ohne Haare auf dem Kopf mit nacktem Hals. Bugo lachte, das musste sehr komisch aussehen.

„Hast du schon eine Idee, wie wir mit dem Geier reden können? Ich meine, er wird doch nicht einfach so zu uns runterfliegen?"

Akrab lief eine Acht durch Bugos Fell: „Ehrlich gesagt, keine Ahnung. Ich glaube, sie bleiben gerne unter sich."

„Und wie sollen wir ihn dazu bewegen, mit uns zu

sprechen? Meinst du, es reicht, wenn ich ihm vom Wüstenboden aus zurufe?"

Akrab klapperte mit seinen Scheren. „Eher nicht, aber probieren kannst du es ja."

Bugo schaute empor und sah den Geier oben in der Luft kreisen. Ganz klein nur, fast wie ein Punkt sah er aus.

„Hallooooooo", rief Bugo so laut er konnte. Doch der Geier machte keine Anstalten, seine Kreisbahn zu verlassen.

„Halloooooo", rief Bugo erneut. Doch auch dieses Mal gab es nicht das geringste Zeichen dafür, dass der Geier seinen Ruf gehört hatte.

„Und nun?" fragte er Akrab. Doch der wusste auch keinen Rat.

„Herr Geier, ich brauche Ihre Hilfe!", schrie Bugo aus Leibeskräften. „Ich suche meinen zweiten Höcker. Wissen Sie, wo ich ihn finden kann?"

Bugos Kehle war bald rau von seinem Geschrei. Ein Schluck Wasser hätte ihm sicher gut getan. Aber Bugo wusste weder wie er sich bei dem Geier Gehör verschaffen konnte noch wie er an Wasser kommen sollte.

„Ich glaube, ich habe eine Idee", rief Akrab.

„So plötzlich? Eben wusstest du auch nicht weiter!"

Akrab machte einen Satz und hüpfte von Bugos Rücken in den Sand: „Na ja, ich bin halt ein besonders schlauer Skorpion!"

„Und was meinst du, soll ich tun?"

„Folgendes", sagte Akrab und ließ den Sand unter sich aufwirbeln – so stolz war er auf seine Idee.

„Wahrscheinlich hat der Geier mich nicht bemerkt. Wer vermutet denn auch schon einen Skorpion im Nackenhaar eines Kamels? Wir tun jetzt so, als ob ich dich wieder steche. Du schreist laut auf, lässt dich dann in den Sand fallen und bleibst regungslos liegen. Der Geier wird denken, du seiest tot!"

„Und dann?"

„Irgendwann wird er heruntersegeln und nachschauen, ob du wirklich tot bist. Schließlich ist er ja auf der Suche nach Beute. Wenn er darauf reinfällt, kannst du ihn fragen."

Bugo dachte nach. Die Gier nach Beute würde den Geier dazu bringen herunterzusegeln.

„Na gut, wir haben nichts zu verlieren!"

Akrab krabbelte davon. Bugo ließ ihm einige Meter

Vorsprung und tat zunächst so, als beobachte er den Horizont. Als er sich sicher war, dass Akrab weit genug gekommen war, lief er los. Nur wenige Meter weiter sah er seinen kleinen Freund aus dem Sand schauen. Er hielt an und tat so, als scharrte er neugierig im Boden. Genau in diesem Moment sprang Akrab aus dem Sand und ließ seinen Stachel erschreckend nah neben Bugos rechtem Huf in den Sand sausen.

Bugo erschrak tatsächlich. Geübt durch den Stich vom Vortag begann er laut zu schreien, lief ein wenig umher und ließ sich dann mit einem lauten Stöhnen in den Sand fallen. Da blieb er still liegen und versuchte, ganz flach

zu atmen. Er hoffte, dass seine Vorstellung echt ausgesehen hatte.

Akrab kicherte, weil Bugo das gestochene Kamel so überzeugend spielte. Trotzdem geschah nichts. Seine Augen geschlossen, den Atem streng unter Kontrolle, blieb Bugo regungslos liegen und wartete. Von dem Geier hörte er nichts. Auch Akrab schwieg.

Bugo flüsterte, bemüht, seine Lippen nicht zu bewegen: „Akrab?"

„Shhh!", flüsterte sein kleiner Begleiter zurück.

Bugo versuchte, sich zu gedulden. Schließlich fing seine linke Seite an zu jucken. Bugo konnte sich kaum noch beherrschen. Am liebsten wäre er aufgesprungen, um sich zu kratzen und dann seine steifen Glieder zu lockern. Die List hatte ohnehin nicht gewirkt. Der Geier war nicht gekommen.

„Jetzt ist Schluss!", sagte Bugo schließlich in normaler Lautstärke, richtete sich auf und kratzte sich ausgiebig. Dann klopfte er mit einem Huf den Sand vom Fell.

„Der Geier hat den Trick bestimmt durchschaut", sagte er. Aber sein Freund Akrab antwortete nicht.

„Hey, Akrab, wo bist du denn jetzt schon wieder?"

„Hi..., hi... hier", stotterte Akrab.

Bugo drehte sich um. Die Worte, die er zu Akrab sagen wollte, blieben ihm im Hals stecken. Mit weit geöffnetem Mund schaute er ungläubig in die gelben Augen des großen Vogels, der ihn forschend betrachtete.

Die Karawane

Bugo schien wie festgewachsen. Er konnte seinen Mund kaum noch bewegen. Ehrfürchtig schaute er den seltsamen Vogel an. Der hatte tatsächlich einen nackten Kopf. Auch der Hals war lang und nur spärlich befiedert. Am restlichen Körper hingen große, schwarze Federn. Aber diese gelben, alles durchdringenden Augen, die waren am erstaunlichsten.

Es war unheimlich. Bugo hatte das Gefühl, dass der Geier ihn vorwurfsvoll ansah. Unter seinem Fell breitete sich eine Gänsehaut aus, während ihn die gelben Augen durchleuchteten. Er zitterte vor schlechtem Gewissen, weil er diesen stolzen König der Wüstenluft hereingelegt hatte.

Bugo räusperte sich: „Hm, hm."

Er wollte das Schweigen durchbrechen, als der Geier plötzlich anfing, mit seinen Flügeln zu schlagen und Sand aufzuwirbeln.

„Geduld", sagte der Geier mit einer fremdartigen, rostigen Stimme, die die beeindruckende Gestalt noch unheimlicher erscheinen ließ. „Geduld ist das, was du brauchen wirst, willst du wirklich finden, wonach du suchst."

Die Stimme des Geiers durchfuhr Bugos Körper und ließ jeden einzelnen Muskel zucken. Sein Fell sträubte sich.

„Sie wissen, was ich suche?"

Bugos Stimme zitterte. Seine Kehle war innerhalb von Sekunden knochentrocken, so dass er kaum noch schlucken konnte. Selbst seine Lippen schienen aneinander zu kleben.

Der Geier streckte seinen nackten Kopf nach vorne und nickte.

„Geduld", murmelte Bugo. War das etwa alles, was der Geier zu sagen hatte? Wusste er wirklich, warum Bugo diese Reise unternahm?

Als ob der Geier Bugos zweifelnde Gedanken gehört hatte, machte der Vogel einen Schritt auf ihn zu. Bugo konnte seinem Wunsch, ein paar Schritte nach hinten zu gehen, kaum widerstehen.

„Wir sind die Orakel der Wüsten und Steppen. Wir wissen alles", sagte der Geier.

Bugo wusste nicht, was er entgegnen sollte. So geheimnisvoll hatte er sich den Geier nicht vorgestellt.

„Ist Geduld alles, was ich brauche?", traute er sich schließlich zu fragen.

Wieder nickte der Geier behäbig mit seinem Kopf: „Nicht mehr und nicht weniger!"

„Ich habe Geduld", sagte Bugo trotzig, „aber es gibt Kamele, die sich meinetwegen Sorgen machen. Deswegen brauche ich Hilfe. Wohin muss ich gehen, um meinen zweiten Höcker zu finden?"

„Ich habe den Ort gesehen, wo du finden kannst,

wonach du suchst. Aber merke dir, der Weg birgt auch Gefahren für ein junges Tier wie dich. Und vielleicht wird dir das, was du findest, nicht gefallen!"

Bugos Puls beschleunigte sich und er merkte, dass sein Atem schneller wurde. Also gab es seinen zweiten Höcker doch. Er spürte, wie sich sein Körper wieder straffte. Aber was meinte der Geier mit Gefahren? Und vor allem: Warum sollte ihm der Höcker, den er finden würde, nicht gefallen? Sprachen alle Orakel so unverständlich? Konnte der Geier ihm nicht einfach sagen, welche Richtung er einschlagen musste, um diesen Ort zu finden?

„Wohin?", flehte Bugo. „Ich möchte doch nur wissen, in welche Richtung ich gehen muss."

Der Geier begann, immer wilder und kräftiger mit seinen Flügeln zu schlagen, stieß sich vom Boden ab und erhob sich in die Lüfte.

„Sei wachsam!", war alles, was Bugo in dem Geflatter noch hören konnte, bevor der geheimnisvolle, große Vogel in weiten Bahnen in den Himmel emporkletterte.

Enttäuscht schaute Bugo ihm nach. Wirklich geholfen hatte der Geier nicht. Wenn überhaupt, dann hatte er ihm ein wenig Mut gemacht. Er wusste nun, dass es seinen zweiten Höcker wirklich gab. Und Bugo nahm sich vor, die ganze Wüste danach zu durchkämmen, wenn es sein musste.

„Komm Akrab, wir müssen weiter!"

Nach einer Acht im Sand erwiderte Akrab: „Wo willst du jetzt hin?"

Bugo schaute nach oben und folgte mit seinen Augen dem Flug des Geiers. Die Sonne stand hoch am Himmel und er wusste, dass der Geier nach Süden flog.

„Wir laufen ihm einfach nach, Richtung Süden", antwortete er daher. Bugo kniete sich in den Sand, wartete, bis Akrab an seinem Fell hochgeklettert war, und trabte dann eiligen Schrittes weiter.

Einige Stunden später begann sich die Wüste zu verändern. Der Sand wich einem Geröllboden, steinig und fest fühlte er sich unter den Hufen an. Hier und da wies ihnen ein karger Strauch mit einzelnen Blättern den Weg in ein grüneres und fruchtbareres Land.

Jetzt verstand Bugo, warum sein Weg nicht ganz ungefährlich war. Dort, wo es grün war, da lebten die Menschen. Und vor den Menschen mussten sie sich in Acht nehmen. Das hatte er von klein auf gelernt. Die älteren Kamele erzählten oft, dass die Menschen sie gerne als Lasttiere verwendeten und zu ihren Sklaven machten. Wenn Bugo daran dachte, wurde ihm angst und bange.

Akrab hingegen freute sich über die neue Landschaft, denn noch nie hatte er in seinem Leben etwas anderes als Wüste gesehen. Grüne Blätter, Steine, fester Boden und jede Menge kleiner Insekten und Tiere. Heute Nacht würde er ein Festmahl halten.

„Wir sollten uns einen Platz suchen, wo wir übernachten können", sagte Bugo. „Die Sonne geht bald unter. Wir brauchen ein gutes Versteck!"

Akrab krabbelte auf Bugos Kopf und suchte die Gegend ab.

„Da hinten, das sieht doch gut aus. Da gibt es eine ganze Menge Sträucher."

Bugo nickte. Dabei hätte er Akrab fast von seinem Kopf geschleudert. Nur mit Mühe gelang es dem kleinen Spinnentier, mit einer Schere an Bugos Fell festgekrallt, Halt zu finden.

Sie liefen weiter.

Als sie endlich die Sträucher erreicht hatten, kniete sich Bugo erschöpft auf den Boden und ließ Akrab hinunter. Seine Füße waren den festen, steinigen Boden nicht gewohnt und schmerzten. Seine Kehle war trocken, und obwohl er zu Hause reichlich getrunken hatte, verspürte er inzwischen riesigen Durst. Hoffentlich fanden sie bald Wasser.

Erschöpft schlief Bugo schließlich ein. Diese Nacht war für ihn schlimmer als die vorherige. Er hörte Zirpen, Geraschel in den Blättern der Sträucher und Scharren im Sand. Mehrmals wachte Bugo auf. Der Boden war hart und unbequem, und die Geräusche machten ihm Angst. Konnte es sein, dass sich hier gefährliche Tiere herumtrieben? Würden die ihn in Stücke zerreißen oder seinen Höcker stehlen? Bugo träumte, wie eine riesige Hyäne mit scharfen Zähnen seinen Höcker abbiss. Genau in diesem Moment wachte Bugo auf. Plötzlich hatte er das Gefühl beobachtet zu werden.

„Akrab! Wir sollten weiter, komm schnell", rief er.

Aber Akrab war unterwegs. Bugo suchte blinzelnd die Dunkelheit um sich herum ab – von Akrab keine Spur. Immer, wenn er ihn brauchte, war der Kerl verschwunden, ärgerte sich Bugo. Er stand auf.

„Akrab", rief er leise, „wo bist du?"

Bugo erinnerte sich an die Worte des Geiers. Geduld. Die würde er jetzt brauchen. Zum Glück kam sein kleiner Freund aber schließlich unter einem Stein hervorgekrabbelt.

„Was ist denn los?"

„Wir können hier nicht bleiben. Wir müssen weg. In einem Traum hat mir eine Hyäne meinen einzigen Höcker abgebissen!"

Akrab lachte: „Hier gibt es keine Hyänen. Für große Tiere ist es viel zu trocken. Ich glaube, dass wir hier sicherer sind als woanders. Schließlich habe ich die Gegend gerade erst erkundet. Und was für Leckerbissen es gibt, das kannst du dir gar nicht vorstellen!"

Womöglich hatte Akrab recht. Bugo seufzte und ließ sich auf den Boden fallen. Allerdings dauerte es einige Stunden, bis er wieder einschlief, denn seine Angst war übermächtig geworden. Bei jedem Geräusch öffnete er die Augen, um sicherzugehen, dass alles in Ordnung war.

Der Mond war längst aufgegangen und erhellte die Wüste, als Akrab an Bugos Fell zupfte. Doch der reagierte nicht.

„Komm, wach auf!", rief er so laut, wie ein Skorpion schreien konnte.

Aber Bugo schien ihn weder zu hören noch etwas zu spüren. ‚Dann halt anders', dachte Akrab, griff mit seiner Schere unter Bugos Fell und kniff so fest zu, wie er nur konnte.

„Au!" Bugo schreckte auf.

„Spinnst du?", schimpfte er, als er verstand, was Akrab soeben getan hatte.

„Hörst du es nicht?", flüsterte Akrab. „Da sind Menschen in der Nähe. Ich weiß nicht, woher die plötzlich aufgetaucht sind. Aber wir müssen weg."

Menschen! Bugo war schlagartig hellwach. Aufgeregt

schaute er nach links und nach rechts. Nicht weit von den Büschen sah er ein Feuer brennen. Das lodernde Holz knackte. Der Geruch von Rauch stieg in seine Nase. Tatsächlich! Sie mussten sofort verschwinden. Wenn die Menschen ihn entdeckten, war er verloren. Kein freies Kamel mehr, egal ob mit einem Höcker oder mit zweien.

„Los, wir hauen ab!", flüsterte er Akrab zu.

Bugo wartete nicht einmal, bis Akrab seinen Rücken erreicht hatte, sondern lief sofort los. Er hoffte, noch einmal Glück zu haben.

Letztlich kam er nur wenige Meter weit. Ein Hund hatte die Witterung aufgenommen und rannte bellend hinter ihm her. Bugo versuchte, mit riesigen Sätzen zu entkommen. Aber der Hund war schneller und verbiss sich in seinem Fell.

Bugo schrie vor Schmerz auf. Hilfesuchend schaute er um sich. Da waren nur zweibeinige Gestalten, die sich vom Lagerfeuer entfernten und auf ihn zu liefen. Krampfhaft versuchte er den Hund abzuschütteln. Bugo trat nach ihm, aber der Hund ließ nicht los. Er kam keinen Schritt mehr vorwärts.

„Akrab, so tu doch etwas! Hilf mir!", schrie er verzweifelt. Doch sein Freund antwortete nicht. Während des wilden Galopps war er anscheinend von Bugos Rücken gefallen.

Die Menschen kamen herbeigerannt. Es gab ein wildes Geschrei, Zurufe und überall Hände, die nach ihm grabschten. Noch einmal setzte Bugo zu einem Fluchtversuch an. Aber da war er schon von allen Seiten eingekreist. Ein Seil legte sich um seinen Hals. Entsetzt schrie Bugo auf. Mit letzter Kraft stieß er sich mit den Hinterbeinen ab. Die Schlinge jedoch zog sich immer fester und nahm ihm den Atem. Bugo gab auf. Er war verloren.

Gefangen

Bugo versuchte erst gar nicht, seine Tränen zu unterdrücken. Kleine Rinnsale liefen an seinem Gesicht herab. So hatte sich Bugo sein Abenteuer nicht vorgestellt. Stolz wollte er mit seinem zweiten Höcker zum Dorf zurückkehren und als Held gefeiert werden. Stattdessen war er seit einem Tag gefangen bei den Menschen. Anfangs hatte er sich gewehrt und um sich getreten, wenn jemand auf ihn zukam. Doch die Menschen waren einfach stärker gewesen. Sie hatten seine Beine nach einigem Widerstand zusammen gebunden und ihn mit Stöcken geschlagen, bis ihm klar war, dass er sich fügen musste.

Geduld! Er sann über die Worte des Geiers nach. Vielleicht musste er auch in dieser Situation Geduld bewahren, damit sich alles zum Guten wenden konnte. Aber da war etwas, das Bugo verwirrte. Da er anfangs immer wieder um sich getreten hatte, wenn jemand versuchte, sich ihm zu nähern, hatten die Menschen Bugo von den anderen Tieren getrennt gehalten. Nur von weitem sah Bugo die anderen Kamele. Aber er wollte oder konnte seinen Augen nicht trauen. Hatten diese auch nur einen Höcker? Er war sich sicher, dass zumindest eines genauso war wie er. Wie konnte das sein? Passierte es häufiger, dass ein Kamel einen Höcker verlor? Wie gerne wäre er zu den anderen Tieren gegangen. Er hätte mit ihnen reden können und womöglich auch etwas über seinen zweiten Höcker erfahren.

Von Akrab war er bitter enttäuscht. Seit seiner Gefangennahme hatte er ihn nicht mehr gesehen. Einfach im Stich gelassen hatte Akrab ihn. Ein paar Mal hatte Bugo seinen Namen gerufen, den Boden mit den Augen abgesucht. Akrab aber war und blieb verschwunden. Jetzt war Bugo wieder alleine, auf sich gestellt. Von wegen Freund. Das hätte Bugo nie gedacht.

Wenn die Menschen miteinander redeten, verstand Bugo nichts. Ihre Sprache war holprig und hastig, so etwas hatte er noch nie gehört. Und doch hätte er so gerne mit ihnen gesprochen, seine Situation erklärt. Vielleicht würden sie ihn aus Mitleid wieder frei lassen? Vielleicht hätten sie ihm sogar sagen können, wo er seinen zweiten Höcker finden konnte? Mit ihren Karawanen kamen die Menschen weit in der Wüste herum. Aber leider waren das nur Träume.

Die Sonne strahlte kräftig, als ein kleines Mädchen auf ihn zukam. Es war in ein helles Tuch eingehüllt, um sich vor den heißen Sonnenstrahlen zu schützen. Bugo versuchte ruhig zu bleiben, aber je näher das Mädchen kam, desto weniger gelang ihm das. Er begann um sich zu treten, doch die Seile strafften sich. Das Mädchen ließ sich von seinem wilden Verhalten nicht abschrecken. Ganz im Gegenteil kam es Bugo immer näher und versuchte, ihn sanft zu streicheln. Bugo spürte, dass das Mädchen keine bösen Absichten hatte und beruhigte sich ein wenig. Dann geschah etwas, womit Bugo nicht gerechnet hatte. Das Mädchen näherte sich seinem rechten Ohr und flüstere ihm etwas zu. Und Bugo verstand die Worte.

„Hab keine Angst!", sagte das Mädchen.

Bugo schaute es ungläubig an: „Du sprichst unsere Sprache?"

„Ja, ich habe unseren Kamelen lange zugehört und immer besser gelernt sie zu verstehen. Jetzt kann ich sogar selber eure Sprache sprechen."

Bugo wollte seinen Ohren immer noch nicht trauen. Ein Mensch, der seine Sprache konnte!

„Lass mich bitte wieder frei", sagte Bugo.

Das Mädchen lachte: „Das kann ich nicht. Du bist noch jung und wirst nicht viel tragen müssen, aber du gehörst jetzt meinem Onkel, dem Herrn der Karawane!"

„Bitte", flehte Bugo.

Das Mädchen sah ihn mitleidig an: „Es tut mir leid für dich, aber ich kann dich nicht frei lassen. Die Strafe für eine solche Tat möchte ich mir nicht einmal vorstellen."

Bugo schaute das Mädchen flehentlich an. Er überlegte angestrengt, wie er es vielleicht doch dazu bringen konnte, ihn laufen zu lassen. Schließlich schien es eine Freundin von Tieren zu sein. Oder hätte es sich sonst so viel Mühe gegeben, die Sprache der Kamele zu lernen?

„Kannst du mir bei einer anderen Sache helfen?", fragte

er. „Ich suche etwas!"

„Du suchst etwas? Was sucht ein junges Dromedar weitab von seiner Familie?", fragte das Mädchen neugierig.

Bugo wollte gerade ansetzen, um zu erklären, dass er nach seinem zweiten Höcker suchte, als er wie ein Echo in seinem Kopf die Worte des Mädchens hallen hörte.

„Dromedar?", fragte Bugo. „Was ist ein Dromedar?"

„Machst du Witze?", sagte das Mädchen. „*Du* bist ein Dromedar!"

„Nein", erwiderte Bugo bestimmt, „ich bin ein Kamel und auf der Suche nach meinem zweiten Höcker."

„Zweiter Höcker?", fragte das Mädchen erstaunt. „Ich weiß zwar nicht, wovon du redest, aber mir hat man beigebracht, dass Kamele zwei und Dromedare einen Höcker haben."

Bugo konnte das Gehörte immer noch nicht richtig einordnen.

„Hilfst du mir nun oder nicht?"

„Du suchst also deinen zweiten Höcker?"

„Ja", setzte Bugo an und erzählte ihr die ganze Geschichte. Wie er zu Hause gehänselt wurde und beschlossen hatte, auf die Suche nach seinem Höcker zu gehen. Er erzählte von seinem Aufbruch und auch von der Begegnung mit dem Geier.

„Ich kann dich gut verstehen", sagte das Mädchen. „Meine Freunde ärgern mich auch immer, weil ich eine schiefe Nase habe. Schau, wie scharf sie nach links geht!" Bugo schaute sich die Nase an. Sie war tatsächlich etwas gebogen. Aber war das ein Grund, jemanden zu ärgern?

„Ich finde deine Nase schön!", sagte er.

Das Mädchen lächelte. Dann schwieg es eine Weile und schaute auf den Boden. Bugo spürte, wie das Mädchen nach einer Möglichkeit suchte, ihm zu helfen. Gebannt beobachtete er das Gesicht.

Schließlich hob es den Kopf, strich ihm sanft über die Nase und sagte: „Seltsame Geschichte. Vielleicht kann ich heute Nacht doch etwas für dich tun. Ich werde versuchen, dich loszuschneiden. Du musst dann ganz leise verschwinden. Wir dürfen dabei auf keinen Fall erwischt werden, sonst gibt es ein großes Unglück. Mehr kann ich leider nicht für dich tun. Wo du den anderen Höcker finden kannst, weiß ich nicht – falls es ihn überhaupt gibt!"

Bugo atmete erleichtert auf. „Danke."

„Bedanke dich nicht zu früh. Ich kann dir nicht versprechen, dass das gut geht."

Dann lief es eilig davon. Bugo blickte ihm nach. Vielleicht waren nicht alle Menschen so schlecht, wie er gedacht hatte. Und heute Nacht würde er wieder frei sein – hoffentlich!

Den Tag über beobachtete er die Menschen, wie sie die anderen Kamele bürsteten, wie sie um ein Feuer saßen und Tee tranken. Während der Hitze verschwanden sie in ihren Zelten, um die Kühle zu suchen. Mit jeder Faser seines Körpers sehnte er die Nacht herbei.

Endlich waren auch die letzten Sonnenstrahlen hinter dem Horizont verschwunden. Dunkelheit legte sich wie ein Schleier über die Landschaft. Nur das Feuer im Lager erhellte die Umgebung ein wenig.

Bugo lag am Rande des Lagers, wohin der Lichtkreis des Feuers nicht mehr reichte. Ein Glück! So würde es leichter sein, unbemerkt davonzulaufen!

Hin und wieder sah er eine vermummte Gestalt zwischen den Zelten, aber niemand kam in seine Nähe. Minute um Minute verging, Stunde um Stunde. Bugo wurde müde, nickte kurz ein und wachte wieder auf. Und er wurde immer mutloser. Wenn er anfing, darüber nachzudenken, dass er vielleicht für immer verloren war, fühlte er, wie sich sein Herz zusammenzog.

Als Bugo seine Augen wieder einmal öffnete, hellte sich der Himmel bereits auf. Das Mädchen war nicht gekommen. Traurig ließ er den Kopf in den Sand sinken und begann zu weinen. Der Sand unter seinem Kopf färbte sich dunkel von den herabtropfenden Tränen.

Leben kehrte ins Lager zurück. Die Menschen kamen aus ihren Zelten hervor. Einige wuschen sich aus Eimern, so dass ihre Haut im Sonnenlicht glitzerte.

Dann kam ein Mann mit einem großen Kübel auf ihn zu, warf schweigend einen Haufen trockenes Gras vor seine Füße und verschwand wieder. Bugo schnupperte daran und fand es überzeugend genug, um es als Frühstück zu verspeisen. Verhungern musste er jedenfalls nicht.

Er kaute noch an dem letzten Bissen, als sich der Mann erneut näherte. Mit geschickten Handgriffen lockerte er Bugos Fesseln. An einem Seil, das um sein Maul geflochten war, führte er ihn mehrfach ums Lager.

‚Sie testen mich', dachte Bugo. ‚Sie wollen wissen, ob ich mich beruhigt habe.' Und Bugo entschied, sich seinem Schicksal zu fügen. Aus eigener Kraft konnte er sich sowieso nicht befreien und auf das Mädchen durfte er wohl nicht mehr hoffen. So gehorchte er den Befehlen des Mannes, und nachdem er wieder an seinen Platz geführt wurde, blieben seine Fesseln im gelockerten Zustand. Er konnte zwar nicht fliehen, aber er musste auch nicht mehr unbequem auf dem Boden hocken.

Bugo dachte noch oft an diesem Tag darüber nach, was er jetzt gerade tun würde, wenn er im Dorf geblieben wäre. Vielleicht säße er am Dorfrand, weinend und voller Zorn, weil er wieder geärgert wurde. Aber das wäre tausendmal besser, als hier zu hocken und nicht zu wissen, was die Zukunft ihm bringen würde. Er hatte ja nicht mal mehr die Möglichkeit, die Zukunft zu beeinflussen.

Mit traurigen Gedanken schlief Bugo am Abend ein, bis er durch ein Zischeln geweckt wurde.

„Psssssssssst", hörte er hinter sich. Erschreckt fuhr er herum, doch da war niemand.

„Hier bin ich!"

Das war Akrabs Stimme. Fast hätte Bugo vor Freude aufgeschrieen. Sein Freund hatte ihn also doch nicht verlassen. Bugo drehte sich um und sah seinen Weggefährten auf einem kleinen Stein sitzen.

„Wo warst du die ganze Zeit? Ich dachte, du seiest verschwunden."

„Na hör mal, schließlich musste ich Hilfe holen. Alleine kann ich dich nicht befreien. Dafür bin ich zu klein und zu schwach."

„Und wie willst du das anstellen? Schau dir diese dicken Seile an, das schaffst du nie!"

„Wir sollten lieber keine Zeit verlieren", sagte Akrab. „Zusammen mit meinen Freunden werde ich die Seile in kurzer Zeit durchtrennen."

Akrab klapperte mit seinen Scheren und unter allen Steinen in der näheren Umgebung kamen Skorpione hervorgekrochen. Bugo traute seinen Augen nicht. Der Anblick der vielen kleinen Spinnentiere war etwas beängstigend, aber er bedeutete, dass Akrab ihn nicht im Stich gelassen hatte. Auf echte Freunde kann man sich eben verlassen. Und Akrab war ein echter Freund.

„Du musst dich jetzt ganz ruhig verhalten! Meine Freunde werden an dir hochkrabbeln, damit sie die Seile mit ihren Scheren durchschneiden können."

Bugo erschauderte. Die Vorstellung ließ seine Knie ganz weich werden, aber augenscheinlich war das die einzige Möglichkeit, wieder frei zu werden.

„Gut", sagte Bugo, „ich gucke nicht hin. Aber beeilt euch."

Er kniff die Augen zusammen und merkte, wie die ersten Skorpione seine Beine hochkletterten. Es wurden immer mehr. Bugo vernahm ein leises Knirschen. Die kleinen Helfer hatten mit den dicken Seilen wirklich viel Arbeit. Vorsichtig öffnete er seine Augen und sah, wie sie sich abwechselnd an den Seilen mit ihren Scheren zu schaffen machten. Sie kamen aber nur sehr langsam voran.

Es verging fast eine Ewigkeit, ehe das erste Seil durchtrennt war – zumindest schien ihm das so. Als das zweite Seil auf den Boden fiel, hatte Bugo jegliches Zeitgefühl verloren. Er befürchtete, dass seine kleinen Freunde das letzte Seil nicht rechtzeitig durchgeschnitten bekamen. Argwöhnisch beobachtete Bugo die Zelte, aber zum Glück regte sich nichts. Schließlich fiel auch das dritte Seil mit einem dumpfen Laut zu Boden. Es war geschafft.

„Danke!", wisperte Bugo zu den Skorpionen. „Ihr habt mich gerettet."

Doch die Skorpione antworteten nicht, so erschöpft waren sie von der anstrengenden Arbeit.

„Kommt alle auf meinen Rücken", flüsterte Bugo, „wir verschwinden von hier."

Als alle einen Platz auf seinem Rücken gefunden hatten, sah er, wie ein Schatten auf ihn zukam. Er wollte schon losrennen, weil er dachte, dass jemand etwas bemerkt hatte. Aber dann erkannte er das Mädchen.

„Du bist frei?", fragte es überrascht.

„Meine Freunde haben mich gerettet", sagte Bugo stolz und deutete auf seinen Rücken, wo das Mädchen mit großen Augen Skorpione entdeckte. „So ist es besser, jetzt kannst du meinetwegen keinen Ärger bekommen."

Das Mädchen nickte. „Wahnsinn!" Es hängte Bugo eine kleine, geflochtene Tasche um den Hals. „Hier drin sind etwas Heu und ein paar frische Möhren. Vielleicht kannst du die Wegzehrung gebrauchen."

„Danke", sagte Bugo. „Wie heißt du eigentlich?"

„Mein Name ist Farima. Aber jetzt lauf, ehe dich jemand erwischt."

„Vielen Dank für deine Hilfe, Farima. Das werde ich nicht vergessen."

„Leb wohl und viel Glück!", flüsterte Farima und streichelte Bugo noch einmal über die Nase. Und so leise wie sie gekommen war, verschwand sie auch wieder. Bugo schaute auf das Lager zurück und war froh, wieder frei zu sein.

„Auf!", flüsterte Akrab. „Wir sollten los."

Bugo nickte und unbemerkt von den Menschen verließ er das Lager und marschierte mit flinken Schritten in die Wüste hinein. Ohne sich die kleinste Verschnaufpause zu gönnen, lief er die restliche Nacht, um weit weg von seinem Gefangenenlager zu kommen. Auf seinem Rücken saßen seine kleinen Freunde. Im Mondschein formten sie einen zweiten Höcker.

Der Fuchs, der ein Hund war

Bugo setzte einen Fuß vor den anderen und achtete streng darauf, keinen Laut von sich zu geben. Immer wieder blickte er zurück, sein Atem war flach und schnell, der Puls rauschte in seinen Ohren. Hatte jemand seine Flucht entdeckt und die Verfolgung aufgenommen?

Endlich! Das Feuer war aus der Entfernung nur noch ein glimmender Punkt. Nun war er in Sicherheit. Bugo fing an zu laufen. Immer schneller. Das war ein herrliches Gefühl, nachdem er zwei Tage gefesselt gewesen war. Zum ersten Mal genoss es Bugo, einfach zu laufen. Manchmal musste man erst etwas verlieren, um zu begreifen, wie wertvoll es war.

Die Skorpione auf seinem Rücken krallten sich fest an sein Fell, damit sie nicht herunterfielen, wurden aber trotzdem ordentlich durchgeschüttelt.

Als der Mond von den wenigen Wolken, die am Himmel waren, verdeckt wurde, lief Bugo gegen einen Stein. Er spürte einen Schlag, blieb mit einem Fuß hängen und stürzte. Seine Freunde flogen in hohem Bogen herunter und landeten auf der Erde.

„Ui", seufzte Bugo, „war das ein schöner Lauf!"

„Allerdings", hörte er Akrab hinter sich sagen, „du bist gerannt, wie von einem Skorpion gestochen."

„Das war ein Freiheitslauf, Akrab. Ich bin zurück in die Freiheit gelaufen. Das war so schön ..."

Bugo hielt kurz inne: „Vielen Dank, Akrab. Vielen Dank dir und deinen Freunden. Ohne euch säße ich jetzt immer noch gefangen bei den Menschen."

„Glaubst du denn wirklich, ich würde dich im Stich lassen? Ich habe dir doch versprochen, dich auf deiner Reise zu begleiten. So ein ungeplantes Abenteuer kann mich nicht davon abbringen, mein Versprechen zu halten."

Bugo musste lachen. Wie gut, dass es Akrab gab!

„Dein Tag wird auch noch kommen. Dann rettest du mich und wir sind wieder quitt! Aber jetzt sollten wir weiter. Wer weiß, vielleicht folgen sie uns, um dich wieder einzufangen."

„Du hast recht", pflichtete ihm Bugo bei und kniete sich hin, damit Akrab und seine Freunde wieder auf seinen Rücken krabbeln konnten. Doch nur Akrab stieg auf. Die anderen Skorpione verabschiedeten sich, um wieder zu ihren Familien zurückzukehren. Bugo bedankte sich bei jedem einzelnen Skorpion und setzte dann seinen Weg fort.

Er trabte zügig weiter. Manchmal hielt er an, um zu lauschen. Waren da nicht Geräusche, die von möglichen

Verfolgern stammen konnten? Kaum hatte sich sein Atem aber beruhigt, war es still um ihn herum. Vielleicht war es die Anspannung, die Angst, dass ihn die Menschen wieder einfangen könnten. Dann würden sie auch besser auf ihn aufpassen und es gäbe kein Entrinnen mehr.

Der Mond erhellte Bugos Weg, trotzdem hatte er die Orientierung vollständig verloren. Ohne den Stand der Sonne hatte er nicht die geringste Ahnung, wohin er ging. Daher bat er seinen Freund Akrab um Hilfe.

„Weißt du, wie es jetzt weitergehen soll?"

Akrab krabbelte aus Bugos dichtem Fell hervor und stieg auf seinen Kopf.

„Gute Frage! Ich habe keine Ahnung, wo wir sind."

Bugo seufzte. „Haben dir vielleicht deine Freunde etwas über diese Gegend erzählt?"

„Na ja, weißt du, Skorpione kommen nicht viel rum. Ich selbst war lange Zeit an dem großen Felsen. Und wahrscheinlich bin ich der einzige Skorpion, der je eine so weite Strecke zurückgelegt hat!"

Es half alles nichts, sie mussten auf gut Glück weiterlaufen. Bugo marschierte, während Akrab auf seinem

Kopf saß und Ausschau nach dem richtigen Weg hielt. Die Wüste war hier steinig und karg. Ab und zu ragten Schatten von Felsen in ihrer Nähe auf, die aber zu klein schienen, um sich als Ruheplatz für den Tag zu eignen. Langsam kroch die Sonne am Horizont wieder empor. Als Bugo seinen Blick über einen Felsen streifen ließ, blitzten plötzlich zwei Augen in dem frühen Tageslicht auf. Bugo erschrak und blieb abrupt stehen.

„Was ist das?", fragte Bugo sich selbst.

„Was ist was?", fragte Akrab zurück, der eingenickt war und aufschaute.

Auf dem Felsen stand ein kleines Tier mit riesigen Ohren und großen, dunklen Augen.

Bugo zeigte mit seinem linken Huf auf den Felsen: „Ist das eine Hyäne?"

Das Tier sprang vom Felsen und verschwand in einem nahe gelegenen Erdloch.

„Eine Hyäne? Ich habe noch nie eine Hyäne gesehen", murmelte Akrab. „Vielleicht ..."

„Eine Hyäne? Seid ihr noch ganz bei Trost?", empörte sich eine piepsige Stimme hinter ihnen. Bugo erschrak und machte einen Satz nach vorne. Akrab, der sich eben noch so mit einer Schere an Bugos Fell krallen konnte, baumelte vor seinen Augen hin und her, bis er Halt fand und wieder auf Bugos Kopf klettern konnte.

Hinter ihnen stand das kleine Tier, die Brust voller Stolz nach vorn gedrückt. Es war kaum zu sehen auf dem gelblichen Boden, der die Farbe seines Fells hatte.

„Entschuldigung", sagte Bugo.

„Hyäne – das ist eine unerhörte Beleidigung! Hyänen sind hässlich, gemein, verlogen!", piepste der Kleine mit sich überschlagender Stimme.

„Was bist du dann?", fragte Bugo, erstaunt über den Mut der kleinen Nicht-Hyäne, denn gefährlich sah sie ja nicht gerade aus.

„Ich bin Fennek. Und dies ist mein Revier. *Ich* stelle hier die Fragen, schließlich seid ihr Eindringlinge!"

„Eindringlinge? Bugo und Akrab machten verdutzte Gesichter. Akrab hüpfte von Bugos Kopf in den Sand, drehte zwei Achten und sagte: „Hätten wir das gewusst, hätten wir sicher vorher nachgefragt."

„Es tut uns leid", fügte Bugo hinzu.

„Ist gut, aber benutzt nächstes Mal eure Nasen, dann merkt ihr sofort, wo ihr seid. Was macht übrigens ein seltsames Paar wie ihr zwei so weit draußen in der Wüste?"

Bugo stellte sich und seinen Begleiter vor und erzählte Fennek von seinem zweiten Höcker. Natürlich hoffte er, einen Hinweis zu erhalten.

„Von einem Höcker habe ich noch nie etwas gehört, aber ich kann euch zu einer kleinen, versteckten Oase führen, die selten von Menschen genutzt wird. Wenn ihr vorsichtig seid, könnt ihr euch dort erst einmal ausruhen."

Bugo war enttäuscht, dass Fennek nichts von einem Höcker wusste. Er fühlte sich ganz entmutigt, denn dieses kleine Kerlchen schien weit herumgekommen zu sein. Bei der Aussicht auf frisches Gras gab er sich jedoch einen Ruck.

„Das wäre eine große Hilfe", bedankte sich Bugo.

Fennek schaute ihn freundlich mit seinen großen Augen an. Bugo fiel auf, dass Fenneks Gesicht von dünnen, schwarzen Streifen durchzogen war. Das Fell war buschig und dicht und der flauschige Schwanz fast so lang wie sein ganzer Körper.

„Okay, dann folgt mir!"

Fennek schritt leichtfüßig voran. Er schien fast zu schweben.

„Was für ein Tier bist du nun?", fragte Bugo.

„Man nennt uns Wüstenfüchse, weil wir einen fuchsähnlichen Schwanz haben, aber eigentlich sind wir Hunde. Wenn du es genau wissen willst, sind wir die kleinsten Wildhunde, die es überhaupt gibt."

„Und wo lebst du?", fragte Bugo. „Ich meine, hier kannst du dich doch gar nicht verstecken?"

„Hast du eine Ahnung!", widersprach Fennek. „Meine Familie und ich haben unterirdische Gänge gebuddelt und wohnen in einer Höhle unter der Erde. Dort ist es tagsüber schön kühl und man kann die Tageshitze verschlafen."

„Habt ihr denn keine Angst, dass die Höhle einstürzt?",

fragte Akrab.

„Nein, wir sind gute Baumeister. Und wenn es passieren sollte, graben wir uns wieder aus."

Bugo betrachtete Fennek voller Bewunderung. Ein solches Selbstbewusstsein hätte er auch gern gehabt.

Nachdem sie eine Stunde stramm marschiert waren, kamen sie an eine größere Felsengruppe. Die Felsen waren hier fast kreisförmig angeordnet, was aus der Ferne kaum auffiel. Aber als Fennek auf einen Felsen sprang, zeigte er ins Innere des Felsenkreises: „Da ist ein kleines Wasserloch. Etwas Gras und Büsche wachsen hier auch. Alle anderen Oasen in diesem Wüstenteil sind zu gefährlich. Da kommen oft Menschen hin und die ziehen einem gern das Fell über die Ohren."

„Das hätte ich fast am eigenen Leib erlebt", antwortete Bugo.

Er schaute in die Ferne. Weit und breit war nichts zu sehen.

„Danke Fennek!", sagte er noch, aber da hatte sich der kleine Fuchs, der eigentlich ein Hund war, schon still und heimlich davongemacht.

„Gut, Akrab, bleiben wir hier und ruhen uns aus. Ich hoffe, wir sind unserem Ziel schon ein gutes Stück näher gekommen."

Unter Beobachtung

Bugo lief zwischen den Felsen hindurch. Es war unglaublich: Hier war tatsächlich alles grün. Bugo rupfte ein Büschel saftiges Gras aus. Ein süßer Geruch, längst vermisst auf seiner Reise, breitete sich vor seiner Nase aus. Das tat gut. Nach all den Strapazen! Jetzt konnten sie sich einen Tag lang ausruhen und Kräfte sammeln.

Die Oase war klein. In einer Minute hatte Bugo den Felsenring, der sie umrahmte, abgeschritten. In der Mitte befand sich das Wasserloch. Das Wasser war braun und trüb. Bugo nahm einen großen Schluck. Er spürte Sand zwischen seinen Zähnen, ein körniger Belag bildete sich auf seiner Zunge. Und außerdem war das Wasser alles andere als frisch! Es war warm und schmeckte abgestanden. Dennoch war es ein wohliges Gefühl, das Nass seinen Hals hinabfließen zu spüren. Seit einigen Tagen hatte er nichts mehr getrunken, und das war er nicht gewohnt.

Bugo nahm noch zwei weitere Schlucke und schaute sich nach einem schattigen Platz um. Die Sonne stand schon hoch. Nur ein einziger Felsen mit einem Vorsprung bot etwas Schutz. Im kühlen Schatten legte er sich nieder und dachte über seine Abenteuer nach. Ja, es waren Abenteuer, keine einfache Suche, wie er zunächst gedacht hatte. Viel schwieriger und viel gefährlicher. Nicht auszudenken, was gewesen wäre, wenn die Skorpione ihn nicht befreit hätten. Seine Nackenhaare stellten sich bei dem Gedanken schlagartig auf. Nie wieder zurück zum Dorf, nie wieder seine Eltern sehen – Bugos Augen füllten sich mit Tränen und Müdigkeit erfasste ihn. Sein zweiter Höcker – hoffentlich war der den Aufwand überhaupt wert!

Zum Dösen legte Bugo den Kopf auf seinen Vorderhufen ab und versank in einen erschöpften, traumlosen Schlaf.

Plötzlich schreckte Bugo auf. Hatte er da nicht etwas

gehört? Ein Knacken? Er traute sich kaum aufzustehen. Was, wenn ihm die Menschen doch gefolgt waren? Hatten sie ihn gefunden und den Felsen umstellt, während er geschlafen hatte?

„Akrab?", wollte er rufen, aber seiner Kehle entfuhr nur ein schwaches Krächzen.

Keine Antwort. Vorsichtig richtete sich Bugo auf. Angestrengt lauschte er. Doch es war nichts zu hören. Hatte er sich das Geräusch nur eingebildet?

„Akrab? Wo steckst du?", rief er etwas lauter.

„Was gibt's", antwortete es einige Felsen weiter.

„Hast du das auch gehört – dieses Knacken?"

Akrab kam freudig angekrabbelt, noch eine halbe Eidechse in einer Schere: „Was für ein Knacken?"

Angeekelt betrachtete Bugo die Eidechse: „Kein Wunder, dass du nichts mitbekommst. Bei dieser Delikatesse! Ich bin mir sicher, etwas gehört zu haben. Vielleicht ist noch jemand hier?"

Akrab ließ sein Mahl fallen, begann einen Felsen hinaufzukrabbeln und sich umzuschauen. Nach ein paar Minuten fiel er vor Bugo in den Sand und drehte eine Acht.

„Ich glaube nicht. Weit und breit ist niemand zu sehen. Wer weiß, was du geträumt hast!"

„Mag sein."

Akrab kroch unter einen Felsen, um endlich in Ruhe seine Eidechse zu verzehren. Bugo verließ den schattigen Platz, und sprang auf einen Felsbrocken. Überall karges Land. Teils felsig, teils sandig. Wo sollten sie jetzt hin? Er wusste nicht einmal, wo sie waren. Selbst den Weg zurück würde er kaum finden.

„Denk gut nach, du musst deinen zweiten Höcker finden", murmelte er vor sich hin, aber er konnte sich nicht für eine Richtung entscheiden.

„Wenn ich nur wüsste", sagte er mehrmals.

„Wenn du nur was wüsstest?", brummte es plötzlich neben ihm, und Bugo machte vor Schreck einen Satz zur Seite. Er schaute sich um, aber da war niemand.

„Wer spricht da?"

„Ich!", brummte es erneut.

Bugo schaute auf die benachbarten Felsen, auf den Boden unter ihm, doch da war nichts. Verlor er den Verstand? Hatte die Sonne ihm so stark zugesetzt, dass er jetzt Stimmen hörte?

Er machte einige Schritte zurück, weg von der Stimme.

„Ich kann dich nicht sehen. Wo bist du? Wer bist du?"

„Viel wichtiger als zu wissen, wo ich bin oder wer ich bin, ist das, was ich weiß!"

„Zeig dich! Ich spreche nicht mit dir, wenn ich dich nicht sehen kann!"

„Oh, sehen können ... du kannst viel sehen, wenn du willst. Ich bin nicht unsichtbar, schau nur genau hin!"

Bugo suchte den Felsbrocken neben sich ab – und da entdeckte er es. Ein längliches Tier mit dicken Dornen auf dem Rücken und einer Haut, die der Farbe des Felsens glich. Deswegen hatte er es nicht ausfindig machen können.

„Was bist denn du?"

„Keine nette Frage!", antwortete das Tier. „Aber ich werde dir trotzdem antworten. Zunächst einmal bin ich ein Lebewesen, wie du! Besonders hübsch bin ich für andere nicht, denn ich habe dicke scharfe Dornen am Körper. Man nennt mich Wüstenteufel."

„Wüstenteufel?", wiederholte Bugo erstaunt. „Es tut mir leid, ich wollte nicht unhöflich sein. Aber so etwas wie dich habe ich noch nie gesehen, auch noch nie von dir oder deinen Artgenossen gehört!"

„Wundert mich nicht. Ich denke, ich bin der Einzige meiner Art in Afrika."

„Der Einzige?" Bugo riss die Augen weit auf. Sprach er mit dem letzten Wüstenteufel auf der Erde?

„Wie kommt das denn? Haben euch die Menschen ausgerottet?", fragte er.

„Die Menschen waren es, aber ausgerottet hat man uns zum Glück noch nicht. Nein, ich komme von weit, weit her. Australien nennt man den Boden, auf dem ich früher gelebt habe."

„Australien? Hab noch nie davon gehört!"

Der Wüstenteufel knackte laut mit seinen Zähnen.

„Das ist im Osten, jenseits des großen Meeres – ganz weit weg."

„Aha, und wie bist du dann hierher gekommen?", fragte Bugo.

„Oh, das ist eine lange Geschichte. Ich wurde von Menschen gefangen und sie schickten mich mit dem Schiff übers Meer. Wieso auch immer. Die Reise hat Wochen gedauert. Als wir endlich in Afrika ankamen, zerbarst mein Käfig beim Entladen, und ich konnte entkommen. Ich lief den weiten Weg von der Küste bis zu dieser Oase. Und hier habe ich meine neue Heimat gefunden. Entwurzelt zwar, aber wenigstens frei."

Bugo schluckte. Was für ein mutiger Kerl! Wochenlang in einem Käfig und er hat nie die Hoffnung verloren freizukommen. Ja, hoffen, glauben, das wollte Bugo auch, denn der Glaube kann stark machen und Hoffnung gibt Kraft. Und Kraft benötigte er, um seine Suche nach seinem zweiten Höcker zu einem guten Ende zu bringen.

„Jetzt sag mir, was du suchst. Vielleicht kann ich dir helfen. Ich habe viel gesehen auf meiner Reise, insbesondere nach meiner Ankunft in Afrika."

Bugo erzählte dem Wüstenteufel von seiner Suche nach

seinem zweiten Höcker, von dem, was er bisher erlebt hatte, von der Begegnung mit Akrab, dem Geier, dem Wüstenfuchs und den Menschen.

„Ich glaube, ich weiß, wo du finden kannst, was du so sehnsüchtig suchst. Denn ich habe ihn mit eigenen Augen gesehen, deinen zweiten Höcker."

Bugo traute seinen Ohren nicht. Dieses Wesen, das nicht einmal aus Afrika stammte, hatte seinen zweiten Höcker gesehen? Damit war es schon der Zweite, der das von sich behauptete. Also musste es den Höcker wirklich geben.

„Wo? Wo hast du ihn gesehen? Wo kann ich ihn finden?"

Erneut knackte der Wüstenteufel mit seinen Zähnen: „Vier Tagesmärsche in diese Richtung."

Er deutete mit dem Kopf nach Osten.

„Wenn du die Richtung beibehältst, kannst du deinen Höcker gar nicht verfehlen. Aber sei vorsichtig! Du musst an einer Menschensiedlung vorbei. Der Weg ist nicht ganz ungefährlich."

„Wie sieht er aus?"

Der Wüstenteufel gab einen Laut von sich, ähnlich dem

eines Lachens: „Du wirst es bald selber sehen."

„Vier Tagesmärsche", murmelte Bugo.

„Na ja, vielleicht schaffst du es in zwei, oder sogar an einem Tag. Ich bin langsamer und hatte nicht diese Sehnsucht wie du!"

„Vielen Dank, du weißt gar nicht, wie sehr du mir geholfen hast."

„Wenn wir Tiere uns nicht gegenseitig helfen, wer dann? Das ist doch das Mindeste, was wir füreinander tun können. Helfen, wenn wir helfen können. Ich wünsche dir und deinem Kollegen viel Glück auf der weiteren Reise."

Der Wüstenteufel drehte sich um und verschwand in einer Lücke zwischen den Felsen.

Ein bekanntes Gesicht

Bugo schaute in den Felsspalt, durch den der Wüstenteufel verschwunden war. Aber er konnte nichts erkennen, es war einfach zu dunkel darin. Jetzt, wo er wieder allein war, kam ihm die Begegnung mit dem Wüstenteufel eher wie ein Traum vor. Was hatte der Wüstenteufel gesagt? Nach Osten sollte er gehen. Warum auch nicht? Bugo wusste es ja nicht besser. So beschloss er, dem Rat des seltsamen Oasenbewohners zu folgen. Noch heute Abend würde er den Weg fortsetzen.

Bugo beschnupperte die Möhren, die Farima ihm geschenkt hatte. Sie dufteten würzig. Wie sie wohl schmeckten? Bugo hatte noch nie eine Möhre gesehen, geschweige denn gegessen! Er schnappte sich eine

Ganze auf einmal und war überrascht, wie fest sie war. Es krachte zwischen seinen Zähnen, langsam zermalte er sie in kleine Stücke. Das schmeckte ja wunderbar! Er verschlang gleich die Hälfte der Möhren und bedankte sich in Gedanken bei dem Mädchen. Den Rest behielt er als Vorrat. Bugo schob die Tasche beiseite, legte sich hin, um für die letzte Etappe ausgeruht zu sein.

Bugo befand sich auf einem Markt, wo sie Höcker zum halben Preis verkauften. Er wollte gleich ein Dutzend nehmen, für alle Fälle, falls er wieder einen verlor.

Akrab aber fragte ihn: „Woher sind denn diese Höcker?"

Bugo runzelte die Stirn. Er wusste es auch nicht. Deshalb fragte er den Händler.

„Die Höcker? Ha, die haben wir kleinen, frechen Kamelen abgeschnitten. Ein Höcker reicht ja vollkommen zum Überleben!"

Der Händler setzte ein breites Grinsen auf. Gelbe Zähne schimmerten matt im Sonnenlicht. Bugos Gedanken begannen zu kreisen. Abgeschnittene Höcker? Freche Kamele? Er sah Ramon vor seinen Augen, ein schmerzverzerrtes Gesicht, ein blutiger Rücken! Wollte er tatsächlich den Höcker eines anderen Kamels? Er stellte sich vor, man würde seinen Eltern einen Höcker abschneiden. Wie furchtbar musste das bluten und wie furchtbar würde das seine Eltern entstellen.

Dann schreckte Bugo auf.

„Hiiiiilfe!", hörte er Akrab schreien. Was um alles in der Welt war passiert?

Mit einem Satz sprang Bugo auf und lauschte aufmerksam.

„Hilfe!", hörte er es erneut. Es kam vom Wasserloch. Hastig rannte er los und wäre fast über seine eigenen

Füße gestolpert. Eine Schere ragte noch aus dem Wasser, sonst war nichts mehr von seinem Freund zu sehen. Schnell tauchte er einen Huf ins Wasser, an den sich Akrab mit einer Schere krampfhaft festklammerte.

„Au! Nicht so fest!" Aber Akrab hörte ihn nicht. Kaum war er gerettet, schnappte er mühsam nach Luft, spuckte Wasser und Schlamm aus und ließ sich erschöpft auf dem Boden nieder.

„Danke!", keuchte er mit letzter Kraft und verlor sein Bewusstsein.

Erst einige Stunden später erwachte Akrab wieder, eingebettet in weichem Sand unter einem Felsen. Bugo lag neben ihm und döste.

„Siehst du. Jetzt sind wir quitt, so wie ich es vorausgesagt hatte", waren Akrabs erste Worte.

Bugo schlug die Augen auf: „Du kannst von Glück reden, dass ich schlecht geschlafen und dich aus der Entfernung gehört habe. Was hast du denn im Wasser gemacht?"

„Na was wohl? Schwimmübungen!"

„Können Skorpione schwimmen?", fragte Bugo ungläubig.

„Natürlich nicht. War ja nur eine blöde Antwort auf deine überflüssige Frage. Ich wollte einen Schluck Wasser trinken, und dann ist der Boden unter mir weggerutscht. Und schwups, lag ich im Wasserloch. Den Rest kennst du ja."

„Ist ja noch mal gut gegangen. Fühlst du dich einigermaßen fit, um weiterzureisen? Die Sonne geht bald unter und wir sollten los."

Akrab knackste mit allen Gelenken, die er hatte: „So schnell lässt sich ein Skorpion nicht kleinkriegen. Von mir aus kann es losgehen."

Bugo rupfte noch etwas frisches Gras mit seinem Maul aus und stopfte es in seine Tasche. Dann krabbelte Akrab auf seinen Rücken, und Bugo schlug den Weg nach Osten ein.

Als er zurückschaute, glaubte er, den Wüstenteufel zu erkennen, der ihm hinterherschaute und mit seinem größten Dorn auf der Nase den richtigen Weg wies.

Bugo überlegte, ob er Akrab von seiner Begegnung mit dem Wüstenteufel erzählen sollte, verwarf aber den Gedanken. Vielleicht würde Akrab dem Wüstenteufel misstrauen und einen anderen Weg vorschlagen. Und das wollte er nicht. Bugo spürte, wie nah er plötzlich seinem Ziel gekommen war.

Die untergehende Sonne warf Bugos langen Schatten auf den Boden. Er musterte aufmerksam seine Körperform. Nein, einen Höcker abgeschnitten wie in seinem Traum, das hatte keiner getan. Da war ja gar kein Platz. Eigentlich passte doch alles so, wie es war. Wo würde er den zweiten Höcker denn befestigen? Hinter oder vor dem einen? Er wusste es nicht.

Farimas Worte klangen in seinen Ohren nach: „Du bist ein Dromedar!"

War es vielleicht wirklich so, dass er kein echtes Kamel war? Gab es Tiere, die einem Kamel sehr ähnlich aber nicht gleich waren? In Bugo keimten Zweifel auf. Was war nun mit seinem zweiten Höcker? Der Geier und der Wüstenteufel, beide hatten ihm gesagt, es gäbe ihn. Bugo war doch fast am Ziel. Gedankenverloren trabte er weiter.

Akrab hatte sich in Bugos Fell verkrochen und schlief. Der „Badeunfall" hatte ihm doch sehr zugesetzt. Aber das war Bugo recht. Er wollte mit seinen Gedanken allein sein, so kurz vor dem Ende seiner Reise. Ob er später seine Geschichte anderen erzählen sollte?

Womöglich würden Generationen von Kindern voller Spannung zuhören, wie leichtsinnig und unbedacht er aufgebrochen war und welche Gefahren er gemeistert hatte. Vielleicht konnte er so verhindern, dass auch andere voreilige Entschlüsse umsetzten. Geduldig zu sein, hatte ihm der Geier geraten. Hätte er am Anfang seiner Reise Geduld gehabt, dann wäre vielleicht alles anders verlaufen. Aber vielleicht hätte er dann Akrab nicht getroffen. Schließlich kam Bugo zu dem Schluss, dass er bislang einfach viel Glück gehabt hatte.

Nach einer Stunde sah er einen Hügel am Horizont auftauchen. Der Boden wurde zunehmend fest. Vereinzelt standen Bäume, das Gras wurde immer dichter. Er näherte sich wohl der Siedlung der Menschen. Davor hatte ihn der Wüstenteufel gewarnt. Zu seiner Rechten sah er in der Ferne einige Häuser. Groß schien die Siedlung nicht zu sein, aber Bugo merkte, wie sein Herz schneller klopfte. Er spürte eine Enge im Hals, als ob sich erneut Seile um seine Kehle legten. Die Luft wurde ihm knapp, sein Atem ging schnell. Voller Panik fing er an zu rennen – als liefe er um sein Leben. Von dem Geschaukel durchgerüttelt kam Akrab aus Bugos Fell gekrabbelt.

„Was ist denn los?", rief er Bugo ins Ohr. Doch dieser antwortete nicht. Immer schneller lief er, und schon bald hatten sie die Siedlung hinter sich gelassen. Völlig erschöpft blieb Bugo stehen. Er atmete heftig und laut, der Puls dröhnte ihm in den Ohren. Ihm wurde fast schwarz vor den Augen. Wackelig auf den Füßen, blickte er zurück.

„Hey, Bugo, was ist denn mit dir los?", rief Akrab erneut.

Bugo ließ sich auf den Boden fallen: „Da hinten, da war eine Siedlung, eine Menschensiedlung. Siehst du noch die Häuser?"

Akrab spähte aufmerksam, denn es war schon dämmerig.

„Ja, ein, zwei Häuser kann ich ausmachen. Gut, dass wir daran vorbei sind."

„Ja, ich bin auch froh. Aber mein Herz klopft so stark. Ich brauche eine Pause. Bis es dunkel wird, haben wir noch etwas Zeit."

Schon wenig später trabte Bugo weiter. Er war sich sicher, auf dem richtigen Weg zu sein. Schließlich waren sie an der Siedlung vorbeigekommen. Wie es der Wüstenteufel gesagt hatte.

Als es dunkel wurde, nahmen sie unter einem Baum Platz. Dicke Äste boten ihnen Schutz. Kaum hatte sich Bugo hingelegt, schlief er erschöpft ein. Bis er am nächsten Morgen von einem markerschütternden Schrei geweckt wurde.

Die Stimme kam ihm bekannt vor. Diesen Schrei hatte er schon mal gehört. Da war es wieder. Bugo stand auf, blinzelte ein paar Mal, um die Schlieren aus seinen

Augen zu wischen. Er schaute in die Richtung, aus der der Schrei gekommen war. Und da war er, schlug mit seinen Flügeln und kreischte erneut.

„Akrab, der Geier ist wieder da!"

„Ich weiß", sagte Akrab unbeeindruckt, „er sitzt schon eine Weile dort. Nicht sehr appetitlich anzuschauen."

Bugo sah, wie sich der Geier mit seinem kahlen Kopf nach vorne beugte. Und jetzt sah er auch, was Akrab meinte. Der Geier riss ein Stück rohes Fleisch aus einem toten Tier. Bugo wurde schlecht und er musste wegschauen. Nur mühsam konnte er den Brechreiz unterdrücken.

„Ob er uns auch bemerkt hat?"

„Klar", antwortete Akrab. „Er hat uns schon gesehen."

Bugo richtete sich zur vollen Größe auf, überwand sein Ekelgefühl und marschierte auf den Geier zu. Dieser riss gerade wieder ein Stück rohes Fleisch aus dem Kadaver, als Bugo ihn erreichte.

„Hallo", sagte Bugo zögernd.

Der Geier kreischte: „So weit bist du also gekommen. Nicht schlecht!"

„Alleine hätte ich es sicherlich nicht geschafft. Ich hatte Glück und Freunde!", erwiderte Bugo.

„Ich weiß! Und jetzt bist du deinem Ziel ganz nah."

„Meinem Ziel ganz nah? Wo ist er nun, mein zweiter Höcker?"

„Ich habe dir gesagt, dass dir die Antwort vielleicht nicht gefallen wird. Aber der Drang nach Wissen ist stärker. Wissen verleiht aber nicht nur Macht und Schlauheit. Wissen kann auch verletzen. Es macht dich verwundbar."

Der Geier riss wieder ein Stück Fleisch aus seiner Beute.

„Was meinen Sie, Herr Geier?"

„Was ich meine? Du wirst bald erfahren, wo dein

zweiter Höcker ist. Du wirst ihn sehen, vielleicht sogar genießen und bewundern, aber du wirst auch einsehen, dass du ein einhöckriges Wesen bist. Für immer!"

Bugo verstand nicht, worauf der große Vogel hinaus wollte. Für immer ein einhöckriges Wesen?

„Wo?" fragte er nur.

Der Geier rupfte sich ein letztes Mal ein großes Stück Fleisch aus dem Kadaver und verschlang es in Bugos Gegenwart. Dann stieß er sich vom Boden ab und umkreiste Bugo in geringer Höhe.

„Er liegt genau vor dir!", war das letzte, was Bugo von ihm hörte, bevor der geheimnisvolle Vogel sich in schwindelerregende Höhen emporschwang.

Am Ziel

Ungläubig schaute Bugo dem Geier hinterher. War er wirklich am Ziel? Hier gab es doch nichts. Vereinzelt einige kahle Bäume, ein paar ausgetrocknete Büsche, vergilbtes Gras, steiniger Boden und ein einsamer Hügel. Aber kein Höcker!

Traurig und entmutigt trottete er zu Akrab: „Hast du mitbekommen, was der Geier gesagt hat?"

„Ja", sagte Akrab, „habe ich."

„Und wo ist nun der Höcker?"

Akrab lief einige Achten im Sand, bevor er stehen blieb und ansetzte, etwas zu sagen.

„Ehrlich gesagt ...", aber er kam nicht weiter.

„Sag es ruhig, sag ruhig, dass ich ein dummer Kameljunge bin. Nein, noch besser, ein einsames Dromedar, auf der Suche nach etwas, was es nicht besitzen kann, weil es mir von Natur aus nicht zusteht."

Bugo setzte sich hin, steckte den Kopf unter seine Vorderbeine und fing leise an zu weinen.

Genau in diesem Moment erkannte Akrab, dass sie tatsächlich am Ziel waren.

„Der einsame Hügel!", rief er.

Bugo hörte auf zu weinen und schaute erstaunt auf.

„Der Hügel da hinten?"

„Genau der", polterte es aus Akrab heraus.

„Was ist mit dem?"

„Das ist er, das ist dein zweiter Höcker!"

Bugo schielte zu dem Hügel. Von der Form her ... na ja, der war schon sehr höckerartig. Bugo wollte aufstehen, um sich den Hügel genauer anzusehen.

„Nein, bleib sitzen!", befahl ihm Akrab. „Nicht aufstehen. So, wie du gerade sitzt, passt es ausgezeichnet! Das ist er ganz bestimmt. Wir haben deinen zweiten Höcker gefunden!" Akrab lief vor Freude wild umher, und Bugo begriff nicht so recht, was in seinen kleinen Freund gefahren war.

„Nun erklär es mir schon!", forderte er Akrab auf.

Doch der torkelte weiter aufgeregt umher, bis ihm schwindelig wurde.

„Schon gut", antwortete Akrab schließlich. „So wie du gerade sitzt, sieht es aus, als ob du zwei Höcker hättest. Der Hügel hinter dir formt deinen zweiten Höcker."

Bugo stand auf und schaute sich den Hügel aufmerksam an. Er sah wirklich aus wie ein Höcker. War es das, was der Wüstenteufel und der Geier meinten? Bestimmt, denn weit und breit gab es nichts anderes, was einem

Kamelhöcker ähnlich sah. Und der Geier hatte gesagt, dass sie am Ziel seien.

„Meinst du wirklich?", fragte Bugo, und seine Stimme zitterte vor Zweifel.

„Hey, hey, hey. Nicht so zurückhaltend. Ein bisschen mehr Begeisterung bitte!"

Bugo versuchte zu lächeln. Irgendwie hatte er sich die Lösung seines Problems anders vorgestellt. Jetzt, wo er angeblich am Ziel war, konnte es doch nicht sein, dass ein Hügel die Antwort auf seine Frage sein sollte! Das konnte und wollte er einfach nicht einsehen. Was sollte er denn im Dorf erzählen? Dass er seinen Höcker gefunden hatte – in Form eines Hügels? Zu groß und zu mächtig, um ihn mitzubringen? Wer sollte ihm das denn glauben? Er hörte bereits, wie Labo sich über ihn lustig machte: „Ein Fantasie-Höcker, was?"

Er würde sich nur lächerlich machen.

„Nein, Akrab. Der Hügel sieht zwar schön aus und er formt mir tatsächlich einen zweiten Höcker. Aber du weißt genau, dass das nicht ausreicht!"

„Was willst du denn?"

„Das weiß ich auch nicht. Darüber muss ich erst mal

nachdenken. Ich weiß nur eines: Wenn ich so ins Dorf zurückkomme, stehe ich als Versager da."

„So ein Quatsch! Weißt du eigentlich, was du geleistet hast? Keiner aus deinem Dorf hätte gewagt, was du gewagt hast. Denk doch mal nach, was du alles erlebt hast. Ich finde nicht, dass du ein Versager bist!"

Bugo senkte den Kopf: „Danke."

Dann legte er sich unter den Baum und blieb schweigend liegen. Er wusste nicht, ob er sich elender fühlte als vor seinem Aufbruch. Da hatte er wenigstens seine Familie bei sich gehabt. Im Dorf war er immer sicher gewesen, auch wenn seine Freunde ihn hänselten. Und nun war er weit entfernt, mitten in der Wüste, ohne Hoffnung, jemals so auszusehen wie seine Spielkameraden. Mit feuchten Augen schlief Bugo ein.

Er träumte, er sei ein Kamel, ein echtes Kamel mit zwei Höckern. Er betrachtete sein Spiegelbild im Wasser. Und was er sah, gefiel ihm. Doch je länger er hinschaute, desto komischer fand er seinen Anblick. Der zweite Höcker hing schief vom Rücken herunter. Er wandte sich vom See ab und versuchte zu gehen. Bei jedem Schritt hatte er das Gefühl zu taumeln. Er konnte sein Gleichgewicht kaum halten. Nicht nur das, der zweite Höcker drückte – es war geradezu blöd, ihn auf dem Rücken zu haben. Er fühlte sich immer unwohler. Plötzlich fing es auch noch an, unter dem zweiten Höcker zu jucken. Es juckte so stark, dass sich Bugo auf die Erde warf und sich hin und her wälzte und so lange schüttelte, bis sich der zweite Höcker endlich vom Rücken löste.

Kaum lag der Höcker auf dem Boden, begann er zu wachsen, bis er nach kurzer Zeit zu einem Hügel geworden war – zu dem höckerförmigen Hügel, den Bugo am vergangenen Tag zum ersten Mal gesehen hatte.

Auf Bugos Rücken breitete sich ein angenehmes Gefühl aus. Der Druck war weg. Und Bugo konnte wieder gehen ohne zu schwanken. Auch das Jucken war verschwunden.

Bugo erwachte. Es war hell, die Sonne blendete. Seine Kehle war rau vor Durst. Er schaute um sich und wusste zuerst nicht mehr, wo er war. Dann fiel sein Blick auf den Hügel und alles, was er seit Beginn seiner Reise erlebt hatte, kam ihm in Erinnerung.

Jetzt wurde ihm einiges klar: Er war kein echtes Kamel, sondern ein Dromedar! Ein einhöckriges Tier. Deshalb würde ihn niemand mehr ärgern können. Ein zweiter Höcker wäre für ihn schwer und unbequem, gehörte nicht zu ihm, passte nicht auf seinen Rücken. Das konnte er im Dorf erzählen. Und was er alles erlebt hatte, und welche Tiere er getroffen hatte, und dass die Menschen ihn gefangen hatten, und dass er dank seines Freundes Akrab und dessen Kumpels wieder frei gekommen war. Augen würden sie im Dorf machen. So etwas hatte außer ihm niemand erlebt. Was war dagegen schon ein Sieg beim Sandball!

Ja, das Dorf! Bugo vermisste seine Eltern, seine Freunde, sein Zuhause. Er sehnte sich danach, sie wiederzusehen. Die Nacht wollte er noch hier verbringen, bevor er nach Hause aufbrach.

Und so geschah es auch. Bugo schlief zum ersten Mal seit Tagen einen friedlichen und erholsamen Schlaf. Gutgelaunt erwachte er am nächsten Morgen, winkte dem höckerförmigen Hügel mit seinem rechten Huf und wartete, bis Akrab auf seinen Kopf geklettert war. Dann machte er sich mit einem riesigen Glücksgefühl im Bauch auf den Weg – nach Hause.

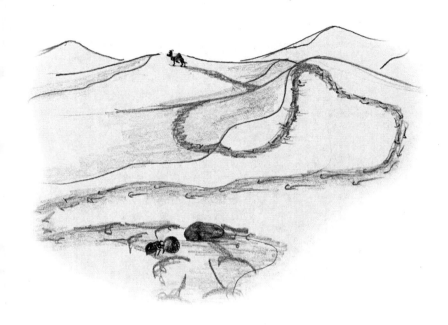

Liebe Leserin, lieber Leser!

Wenn Du dieses Buch gelesen hast, so schreibe uns bitte, wie es Dir gefallen hat. Auch für kritische Meinungen sind wir – Schriftsteller, Künstler und Verlag – dankbar.

Knabes Nachwuchsautoren

Trierer Straße 65, 99423 Weimar
info@knabe-verlag.de
Fax: 0 36 43 – 85 27 20

Seit frühester Jugend schreibt der 1976 in Korbach geborene Autor Wartan Bekeredjian kurze Geschichten und Erzählungen. *Bugo, das einhöckrige Kamel* ist der erste Band einer spannenden Kinderbuchreihe, die im Knabe Verlag Weimar ein neues Zuhause gefunden hat.

Heute lebt der verheiratete Vater zweier Kinder in Karlsruhe und feilt neben seiner Arbeit als Arzt an den nächsten Abenteuern seiner Figuren.

Danksagung

Danke Renate! Durch deinen Einsatz war es überhaupt erst möglich, dass Bugo eine zweite Chance bekommt. Du bist großartig, nicht nur deshalb!

Danken möchte ich Steffen Knabe, der hinter Bugo steht, und die Neuausgabe durch seinen Verlag erst ermöglicht hat.

Ein riesiges Dankeschön an alle treuen Bugo Fans, die Bugos Abenteuer begleiten und mit ihm mitfiebern. Danke an meine Familie, die hinter mir steht und meine Schreiberei mit trägt.

Danken möchte ich Bugo, der mir so viele schöne Momente bei Lesungen und Kindern ermöglichte. Diese Augenblicke werde ich nie vergessen!

Wartan Bekeredjian im März 2011

1. Auflage März 2011
© 2011 Knabe Verlag Weimar
Trierer Straße 65, 99423 Weimar

Alle Rechte sind dem Verlag vorbehalten.

Illustrationen Jutta Bol
Lektorat Manuela Lohse
Satz und Layout Manuela Lohse
Druck und Bindung Alinea Digitaldruck GmbH, Dresden

Dieses Buch folgt den Regeln der neuen deutschen Rechtschreibung.

Printed in Germany

ISBN 978-3-940442-44-4
www.knabe-verlag.de